DA FILOSOFIA DA HISTÓRIA À SOCIOLOGIA HISTÓRICA

DA FILOSOFIA DA HISTÓRIA À SOCIOLOGIA HISTÓRICA

Kirlian Siquara

© Relicário Edições
© Kirlian Siquara

CIP –Brasil Catalogação-na-Fonte | Sindicato Nacional dos Editores de Livro, RJ

S618d
    Siquara, Kirlian

    Da filosofia da história à sociologia histórica / Kirlian Siquara . --
    Belo Horizonte, MG : Relicário Edições, 2016.
    120 p. ; 14 x 21 cm .
    ISBN: 978-85-66786-41-5

    1. Weber, Max, 1864-1920. 2. Filosofia. 3. Rickert, Heinrich. 4. Filosofia –
    História. I. Título.

                                                                CDD 100

CONSELHO EDITORIAL
Eduardo Horta Nassif (UFMG)
Ernani Chaves (UFPA)
Guilherme Paoliello (UFOP)
Gustavo Silveira Ribeiro (UFBA)
Luiz Rohden (UNISINOS)
Marco Aurélio Werle (USP)
Markus Schäffauer (Universität Hamburg)
Patrícia Lavelle (EHESS/Paris)
Pedro Sussekind (UFF)
Ricardo Barbosa (UERJ)
Romero Freitas (UFOP)
Virgínia Figueiredo (UFMG)
Davidson de Oliveira Diniz (UFRJ)

COORDENAÇÃO EDITORIAL Maíra Nassif Passos
PROJETO GRÁFICO & DIAGRAMAÇÃO Ana C. Bahia
REVISÃO Lucas Morais

RELICÁRIO EDIÇÕES
www.relicarioedicoes.com
contato@relicarioedicoes.com

"As ciências humanas não se limitam a pôr um problema *para* a filosofia. Ao contrário, elas põem um problema *de* filosofia".

Hans-Georg Gadamer

Introdução 9

CAPÍTULO 1
O CAMPO PROBLEMÁTICO DA FILOSOFIA DA HISTÓRIA
Em busca de uma definição de filosofia da história 11

CAPÍTULO 2
AS FONTES DA FILOSOFIA DA HISTÓRIA
Voltaire, Herder, Hegel e Kant 35

CAPÍTULO 3
O DEBATE WEBER-RICKERT ACERCA DAS CONDIÇÕES
DE POSSIBILIDADE DO CONHECIMENTO HISTÓRICO 95

Considerações finais 111

Referências 113

INTRODUÇÃO

É nossa pretensão investigar, ao longo deste pequeno livro originado de uma dissertação de mestrado em filosofia[1], uma série de dilemas que envolvem a constituição das chamadas "ciências humanas", bem como dos modelos de racionalidade empregados na fundamentação destas e na justificação metódica de seus procedimentos de seleção e de análise de objetos. Para tanto, partiremos de um conjunto de controvérsias que cercam o nascimento de um ramo de conhecimento conhecido como *filosofia da história* e dos debates em torno da complexa definição do objeto próprio desse ramo de conhecimento.

Em nosso trajeto, discutiremos as diferenciações entre a história tornada matéria de reflexão filosófica e as possibilidades de uma epistemologia do conhecimento histórico. Desse modo, pretendemos descrever a árdua elaboração de um objeto novo tomado como matéria de conhecimento, a história, agora entendida como processo de cognição da ação humana no tempo. Assim, será possível descrever alguns dos momentos significativos de constituição das ciências que tomam a ação humana como matéria de sua perquirição, mostrando toda uma ampla série de ambiguidades que cercam a elaboração de noções capitais para tais ciências: a começar pelo processo de longa duração em que se constrói a história como disciplina científica, e não mais apenas objeto de perquirição do filósofo que independeria da mediação do conhecimento positivo construído pela ciência, ou melhor, pelas ciências históricas.

---

1. Dissertação defendida no Programa de Pós-Graduação em Filosofia da UFMG em agosto de 2006 sob orientação do Prof. Dr. Ivan Domingues com o título: "Racionalidade e história: dilemas da filosofia da história e seu deslocamento no debate Weber-Rickert acerca do conhecimento histórico".

Após iniciarmos nosso trajeto expondo a formação da filosofia da história e as possibilidades de conceituação da mesma, pretendemos expor o arco conceitual que norteará a seleção e a investigação de uma série de modelos epistêmicos significativos no processo de autonomização das ciências históricas. Esse arco constitui-se em torno das noções de natureza, ação, teleologia e secularização. Pretendemos mostrar, ao longo de nossa investigação, como ocorre a constituição da ação humana como objeto de investigação (em um processo paulatino de secularização das interpretações) no qual a natureza transforma-se em ponto de ancoragem e vetor de uma teleologia para uma história das sociedades humanas não mais protagonizada pela providência divina. Desse modo, realizaremos uma análise de Voltaire, de Herder, de Hegel e de Kant, mostrando tanto a pertinência, frequentemente obscura, de um providencialismo de matriz teológico quanto a reinterpretação deste em termos naturais, em que se constitui a visão de um progresso das sociedades humanas calcado em uma noção específica de natureza humana.

Nossa análise da filosofia kantiana da história desempenhará um papel fundamental em nosso percurso, pois nos permitirá elaborar a matriz epistemológica sobre a qual se assenta nosso momento final, isto é, o debate entre Weber e o neokantismo, em que mostraremos como uma ideia extraída de Kant, o caráter interno à cognição humana de qualquer teleologia imputada à ação, permitirá a definitiva constituição do campo histórico e social em sua autonomia tanto da ideia de providência divina quanto da natureza mesma como guia dos homens.

Em suma, pretendemos analisar alguns momentos significativos da autointerpretação moderna do humano, em que este se afirma não apenas como sujeito cognitivo, mas como objeto dessa cognição mesma, por se ver livre, porque só, habitando um mundo sem Deus, sem encontrar fora de si mesmo qualquer ponto de ancoragem que o pudesse guiar nesse novo mundo tornado contingente.

CAPÍTULO 1

O CAMPO PROBLEMÁTICO DA FILOSOFIA DA HISTÓRIA
Em busca de uma definição de filosofia da história

Estabelecer o significado do conceito de *filosofia da história* decerto não é tarefa das mais fáceis. De início, porque o que se tem de concreto acerca de uma definição primeira da própria história já se apresenta como operação, no mínimo, de difícil acesso. Uma vez que se pode historicizar tudo por meio da verdade simples de que tudo o que existe tem de ter uma origem, incluindo aí até mesmo o mundo natural, perde-se desde já o significado do que seja histórico.[1] A história passa a ser uma área de conhecimento que possui à sua frente não menos do que a totalidade de fatos que ocorreu no mundo, partindo do último instante passível de ser medido em uma série regressiva no tempo que se apresenta como infinita, até que se chegue à origem. Esse é, obviamente, um retrato caricatural, mas, ainda que se tome a precaução de se estabelecer os fatos históricos como sendo apenas aqueles advindos do mundo humano, ainda assim, salta à vista a empresa infinita a que se almeja, dado que a totalidade de fatos que ocorreu a todos os mais diversos povos e civilizações, originados desde que o humano inventou a cultura e deixou a natureza, seria, dessa maneira, objeto de estudo. Continua-se na caricatura, portanto, e à história enquanto disciplina é requerido que mostre os seus limites.

Apresenta-se, portanto, a pergunta: como efetuar a distinção entre um evento histórico e aquele que não possui tal característica? Antes que se avente a possibilidade de uma resposta, até porque, de fato, existem mais de uma, que seja feita uma observação. Ao se perguntar tal coisa,

---
1. Pois se tudo é, em alguma medida, histórico, logo nada o é (Veyne, 1987, p. 25 e ss).

é certo que já não estamos no mesmo registro do fazer histórico pura e simplesmente. Onde existe uma disciplina (uma vez que se queira evitar por hora o epíteto ciência) com método adequado e amplas ferramentas disponíveis, coloca-se agora uma pergunta acerca do modo como tal método e tais ferramentas são colocados em operação e qual a validade dessa mesma operação. Dito de outra maneira, não se está aqui exigindo da disciplina que faça tal distinção, mas que apresente os critérios sob os quais tais distinções são feitas. Ou seja, aquela pergunta não é uma pergunta propriamente histórica, ao contrário, ela se refere à história enquanto prática e enquanto teoria. Nesse sentido, é meta-teórica, e se por meta-teoria pode-se entender a prática de pôr em discussão os esquemas conceituais de um determinado campo do conhecimento, é certo que já adentramos no terreno filosófico, ainda que não se tenha dado conta disso.

Pode-se chamar tal questionamento de *filosofia da história*? Num sentido óbvio, sim. Pois o que está em jogo nesse caso nada mais é do que uma reflexão epistemológica acerca do conhecimento histórico: quais seriam os fundamentos de tal conhecimento e quais seriam os critérios a partir dos quais tal conhecimento poderia ser avaliado. Em suma, qual o esquema conceitual que define a disciplina e como esse esquema se articula nela. Tal é certamente um procedimento filosófico, ainda que nesse registro, o de uma perspectiva simplesmente epistemológica, uma filosofia da história não seja essencialmente diferente de, por exemplo, uma filosofia da física ou uma filosofia da biologia. Uma vez que em todas essas situações o que se tem é uma filosofia do conhecimento histórico, físico ou biológico, logo, essa poderia ser uma resposta à pergunta: o que é filosofia da história? Mas aqui parece haver ainda outra resposta.

Filosofia da história também pode ser definida como sendo uma interpretação sistemática da história universal. Provavelmente é esse o seu sentido mais conhecido, pois é nesse registro que o questionamento acerca do tema da história foi efetuado pela filosofia continental durante o século XVIII e que se espraia ainda pelo início do século XIX. Assim, a filosofia da história se apresenta como um conjunto de tentativas de compreender não apenas o curso dos acontecimentos históricos, mas que também fosse capaz de captar o sentido íntimo e essencial de tais acontecimentos, o seu significado fundamental para a história de toda uma humanidade (Collingwood, 1999, p. 110 e ss),[2] que era então considerada como o agente histórico, e, ao mesmo tempo, objeto da história, primordial daqueles tempos. Explicando melhor: o século XVIII é, como se sabe, o século do Iluminismo, um movimento intelectual que detém a dupla característica de ser, simultaneamente, filosófico e político. Enquanto filosofia, o Iluminismo professava a exigência de que todos os assuntos científicos e humanos devessem ser julgados tendo em vista critérios puramente racionais advindos do livre exercício do pensamento e juízo humanos, o afamado "tribunal da razão", de clara filiação cartesiana. Como consequência disso, temos o repúdio total a qualquer tipo de autoridade tradicional ou institucional que não pudesse ser avaliada por tais critérios, o que, por sua vez, leva à crítica feroz dos dogmas religiosos e dos costumes tradicionais. Aliada à filosofia vem a política, com suas exigências de liberalismo econômico e autonomia moral e política do indivíduo, ideais que, incorporados por uma força política atuante, a rica e ascendente burguesia europeia, levam ao colapso do *Ancien Régime* e à Revolução Francesa, acontecimento central na história moderna do Ocidente. Portanto, o que se apresenta é que somente tendo em vista o ambiente imediatamente anterior à derrocada do Absolutismo, e a ocorrência da revolução burguesa na França, é que se pode observar a instauração, na *intelligentsia* europeia da época, de uma das crenças fundamentais para a concepção filosófica da história: a crença de que a história tem um rumo, uma finalidade, e que nesse processo abarca toda a humanidade.

Doravante, o conceito de filosofia da história exige, para sua própria compreensão, um direto enraizamento no contexto histórico-político da sociedade que o criou, como, por exemplo, afirma Koselleck (1999, p. 9, grifo nosso):

> A história européia expandiu-se em história mundial e cumpriu-se nela, ao fazer com que o mundo inteiro ingressasse em um estado de crise permanente. Assim como o globo terrestre foi unificado pela primeira vez

---

2. Para a conexão entre filosofia da história e modernidade, ver Sevilla (*in* Reyes, 1993).

pela sociedade burguesa, a crise atual também se desenrola no horizonte de um auto-entendimento histórico-filosófico, predominantemente utópico. Este auto-entendimento é utópico porque destina o homem moderno a estar em casa em toda parte e em parte alguma. A história transbordou as margens da tradição e submergiu todas as fronteiras. [...] A crise política (que, uma vez deflagrada, exige uma decisão) e as respectivas filosofias da história (sic) formam *um único fenômeno histórico*, cuja raiz deve ser procurada no século XVIII.

Obviamente, não nos será possível, nos limites deste trabalho, fazer uma investigação exaustiva que permita deslindar os laços que unem o conceito com a complexa constituição sócio-histórica e, acima de tudo, política que o gerou.[3] De fato, nossos propósitos aqui se apresentam como a tentativa de definição, ainda que parcial e inconclusa, dado o tamanho da empreitada, do conceito de filosofia da história e que tipo de legado tal conceito (em seu aspecto histórico, mas também epistemológico)[4] deixou àqueles que se ocuparam da história e do pensamento histórico na passagem do século XIX ao século XX. Contudo, gostaríamos de destacar esse aspecto do conceito de filosofia da história: o fato de ter sua irrupção num momento histórico bastante específico, qual seja, o momento crítico e revolucionário do final do século XVIII e início do século XIX[5], e, nesse sentido, a impossibilidade de lidar com tal con-

---

3. Nesse sentido, gostaríamos de remeter ao leitor interessado no assunto o magistral estudo do historiador das ideias Reinhart Koselleck, *Crítica e crise*, no qual o renomado autor constrói justamente o argumento de que as diferentes filosofias da história, e a consequente transformação da história em *processo* histórico, que é o seu maior legado à contemporaneidade, só se fazem compreender plenamente quando inscritas no contexto da crise política, que é o fim do Estado Absolutista e a constituição da sociedade burguesa e, por extensão, da própria modernidade política e cultural do Ocidente.
4. "[...] às questões *da* filosofia da história que, para além da ideologia, recorre à realidade histórica para estabelecer a ciência histórica [...]" (Koselleck, 1999, p. 11, grifo no original).
5. Mas, em primeiro lugar, a Revolução [Francesa], as condições da sua origem, avatares e paradoxal desenrolar no império napoleônico estavam no centro do pensamento dos intelectuais da época. As principais ideias da obra histórico-filosófica de Herder são, certamente, anteriores a ela, embora tenham sido escritas em polêmica constante com as ideias que apadrinharam seu surgimento. Kant vê nela um "signo histórico" (*Geschichtszeichen*) que permite reconhecer a vi-

ceito sem fazer referência alguma a tal contexto, pois este o conforma de maneira determinante.

Tendo precisado essa origem histórica do conceito, pode-se certamente observar o quanto a filosofia da história está inscrita no processo de constituição da modernidade europeia, constituição esta não só filosófica, mas também (talvez principalmente) política e cultural. No entanto, pode-se também chamar a atenção, com justiça, para o fato de que a filosofia da história, enquanto movimento filosófico de caráter decididamente plural, não faz parte apenas do componente iluminista de tal modernidade, ainda que este se mostre definitivo tanto em seu aspecto filosófico quanto histórico. Existe também um movimento subterrâneo na constituição da modernidade europeia, que se pode chamar justamente de contrailuminista,[6] que foi, a seu modo, tão importante quanto aquele de maior reconhecimento para a instauração de um pensamento histórico propriamente moderno. De fato, foi esse movimento que lançou as bases a partir das quais toda uma maneira diferente de observar a história, como um processo criador, vivo, pôde ser estabelecido.

Por ora, voltemos ao Iluminismo. Afirmamos anteriormente aquela que talvez seja a característica que melhor simboliza esse movimento: a existência do "tribunal da razão", a exigência de julgar qualquer evento, natural ou humano, sob os mesmos critérios: os da razão livre e desimpedida. Mas, ao fim e ao cabo, do que a razão deveria ver-se "desimpedida"? De tudo o que fosse "irracional", poder-se-ia responder, seguindo os iluministas. O problema aqui começa justamente com essa definição de "irracional": de fato, qualquer evento que não possa ser avaliado segundo o nascente espírito científico-matematizante da época será julgado como "irracional", o que significa colocar sob esse rótulo todo tipo de crença religiosa, dogma metafísico, manifestação popular, costumes e tradições, ou seja, tudo aquilo que torna possível a

---

gência de um plano da história que conduz a uma sociedade mais racional. Por último, Hegel a celebra como acontecimento central que anuncia uma nova fase irreversível dos assuntos humanos, a irrupção definitiva da 'ideia' do 'direito' no tempo humano" (Brauer, 1993, p. 85-86).
6. Sobre isto, ver Berlin (2002, p. 276 e ss).

condição sócio-histórica e cultural do ser humano, por ser justamente o conteúdo desta.

Tal concepção de que a razão, entendida fundamentalmente como raciocínio científico-matemático, é a propriedade essencial do ser humano, leva a diversas consequências: desde considerar a vida humana, em seu íntimo, como algo de cego e de irracional, ainda que, contudo, possa ser "despertada" para a razão, até postular que algumas formas de atividade mental, tais como o pensamento mágico ou religioso, seriam, na realidade, formas primitivas de pensamento. Formas estas que, no decorrer da evolução do espírito até seu grau de maturidade (o alvorecer da era científica sendo esse momento, obviamente) não teriam outro destino a não ser a extinção.[7] Desse modo, cabe então a pergunta: de que maneira tal concepção estritamente racionalista acaba por conformar o pensamento histórico iluminista? Ou melhor, dada tal concepção, como a história é pensada dentro dela? De maneira genérica, pode-se registrar pelo menos duas atitudes centrais no pensamento iluminista com relação à história: 1) Entender o passado como um espetáculo de irracionalidade e obscurantismo promovido por forças tradicionais (como se pode perceber, por exemplo, nas obras de Montesquieu e Gibbon [Collingwood, 1987, p. 106]). 2) Promover um prognóstico no qual o domínio da razão terá de ser estabelecido (tendo como expoente máximo dessa tendência a obra de Condorcet, mas que também está presente no pensamento histórico de Voltaire e de Kant). A partir dessas duas posturas primárias, percebe-se que quando o iluminismo tentou dar um tratamento racional à história, quando tentou constituir uma historiografia "científica",[8] o que se observa ali é muito mais uma crítica radical aos períodos das sociedades em que a religião era o principal suporte sociocultural do que uma preocupação em estabelecer novos métodos de investigação histórica.[9] Ou seja, em

---

7. Não à toa, Collingwood (1987, p. 103 e ss) se refere ao Iluminismo como um esforço em prol da secularização total da vida e pensamento humanos.
8. Como, por exemplo, a *History of England* de Hume (Collingwood, 1987, p. 105).
9. Assim, por exemplo, Voltaire, em seu verbete "História" do *Dicionário Filosófico*, ao dar algumas definições em que se dividiria a história, tais como história sagrada e profana, nos apresenta mais esta: "Há também a história das opiniões, simples coletânea dos erros humanos" (Voltaire, 1978, p. 204).

termos de discurso histórico, o tratamento dado ao passado era tão somente considerá-lo como o domínio da superstição e do costume, exemplo do que devia ser extirpado para que a razão fosse utilizada em sua plenitude. Juntamente com essa verdadeira demonização do passado, aparece, como contraponto, uma concepção triunfalista do futuro, encarnada na noção de progresso da humanidade: a partir do momento em que o domínio da razão fosse espraiado por toda a humanidade, o que, de maneira genérica, significa o espraiamento do espírito científico moderno, todos os problemas humanos se mostrariam capazes de serem resolvidos racionalmente (no limite, cientificamente) e a observação do curso da história demonstra esse progresso de maneira linear e crescente.[10] Interessante aqui é perceber que a autopercepção dos iluministas não era a de um movimento proveniente de um contexto histórico-político-cultural extremamente específico, mesmo na Europa de sua época. Ao contrário, o iluminismo enquanto movimento reclamava sob o espectro de suas ideias a extensão de toda a humanidade. Tal particularidade do iluminismo era em virtude de uma concepção central para suas formulações: a de que o ser humano detém uma natureza que é uniforme.

O que impediu a história setecentista de se tornar científica, colhendo os frutos maiores da revolução filosófica, foi um resto, despercebido, de substancialismo – implícito na procura, por parte do Iluminismo, duma ciência da natureza humana. Tal como os antigos historiadores concebiam o caráter romano, por exemplo, como uma coisa que realmente nunca tivesse tido um princípio e que sempre tivesse existido, sempre igual, também os historiadores do século XVIII – reconheciam que toda a verdade histórica era a história da humanidade – supunham que a natureza humana tinha existido desde sempre, desde a criação do mundo, exatamente como existia no tempo deles. A natureza humana era concebida sob um ponto de vista substancialista, como algo de estável e permanente, um imutável substrato, subjacente ao curso das transfor-

---

10. Lembrando que Voltaire, à diferença de Condorcet, mostrava-se mais cético quanto a esse progresso indefinido da civilização humana (Löwith, 1968, p. 160).

mações históricas e a todas as atividades humanas. A história nunca se repetia a si própria, mas a natureza humana permanecia eternamente imutável. (Collingwood, 1987, p. 110)

Ou seja, pensava-se na passagem da tradição para o *esclarecimento* como um desenvolvimento unitário para toda a humanidade porque se considerava fundamentalmente que todos os seres humanos partilhavam da mesma natureza. É exatamente nesse ponto que reside a característica mais importante do pensamento histórico do século XVIII, que é justamente a tentativa de compreender um desenvolvimento histórico por meio de um mecanismo natural, ou seja, a redução da história à natureza, com a consequente desvalorização dos componentes propriamente históricos, tais como as crenças religiosas, os costumes populares, as tradições, etc., em prol de uma propriedade dita natural: a natureza humana. É importante ressaltar aqui que o que está em jogo não é a disputa entre dois domínios cognitivos diferenciados, a história e a natureza, mas a inexistência de um deles: de fato, a história, quando reduzida à natureza, deixa de existir.[11] Pensemos, a título de exemplo, que tal passagem da "barbárie" à "civilização" de fato ocorresse a alguma outra sociedade daquele período que não a europeia. Ora, ainda que porventura algo desse tipo acontecesse, tal passagem dar-se-ia, assim como na Europa, por causas históricas, e não naturais. O domínio no qual ocorrem as transformações humanas e sociais que a história registra é um domínio completamente independente de qualquer causa natural ou argumento naturalista. Não entender isso é simplesmente não entender o que é a história, e, portanto, fazer física social ou sociobiologia ao invés de história. Se a história é mesmo o relato verídico de ações humanas no passado, então produzir tal relato é entender que as ações descritas ali não provêm de um animal que age simplesmente segundo sua natureza, seja esta racional ou não, mas sim de um animal bastante específico, um animal que inventou o domínio da cultura, que é justamente o domínio das regras não naturais, sejam elas quais forem.

---

11. Nesse sentido é que o filósofo de Oxford R. G. Collingwood (1987, p. 105) pôde afirmar: "Deste modo, a perspectiva histórica do Iluminismo não era genuinamente histórica: quanto ao seu motivo central era polêmica e anti-histórica".

De fato, ainda demoraria algum tempo até que o pensamento histórico europeu diferenciasse explicitamente o domínio da história do domínio da natureza.[12] No entanto, conforme apontado acima, a história da modernidade europeia não é feita somente de "consciência racional e calculadora [mas] também consciência histórica do mundo dos espíritos humanos que é o mundo civil ou o mundo das nações, em definitivo do mundo histórico (sociedade, civilidade e cultura)" (Sevilla, 1993, p. 65-6). Do que se está a falar aqui é justamente do movimento contrailuminista, que tem nas obras de Vico e Herder sua principal evidência. Sobre tal movimento se coloca não só a responsabilidade por ter lançado as bases para o movimento romântico do final do século XVIII – movimento esse que teve em Herder um de seus principais fomentadores, tendo ele sido parte do círculo de autores conhecido como *Sturm und Drang* (Brauer, 1993, p. 87) – como também ter sido as obras desses dois pensadores a fornecer a origem da chamada "gênese da consciência histórica", ou seja, do mundo histórico propriamente dito e da compreensão da história enquanto um processo dinâmico. No entanto, caberia aqui a pergunta: o que se quer dizer com o emprego de tais expressões como mundo histórico e consciência histórica? Basicamente, tais expressões serviriam para denotar a percepção de que a investigação dos assuntos humanos – tais como a cultura, a vida civil, as diferentes sociedades, a história propriamente dita, etc. – necessita que seja estabelecido um domínio cognitivo próprio, que seja capaz de compreender a extrema singularidade de cada um desses artefatos humanos, e que, portanto, seja diferente dos métodos e instrumentos utilizados pelo espírito científico para examinar a natureza. Parece claro, no entanto, que tal consciência histórica não se apresenta de forma pura e acabada nos dois autores acima citados.[13] A partir disso, cabe uma tentativa de delimitação do conceito.

---

12. Quanto à filosofia da história propriamente dita, tal desenvolvimento teria de esperar até Hegel, ainda que alguns afirmem que já Vico estabelece tal distinção. Para isso, ver Collingwood (1987, p. 151) e Sevilla (*in* Reyes, 1993, p. 71 e ss).

13. Giambattista Vico publica a primeira edição de sua obra máxima, *Scienza Nuova*, em 1725, o que permite não só louvar sua extrema originalidade como matizar sua posição como anticartesiana. E se podemos, em retrospecto, considerá-lo um contrailuminista, isso se baseia na filiação cartesiana de tal movimento. Johann

Consciência histórica, nas palavras de seu principal proponente, o filósofo alemão Hans-Georg Gadamer (1998, p. 17-18, grifo nosso), é definida da seguinte maneira:

Entendemos por consciência histórica o privilégio do homem moderno de ter plena consciência da historicidade de todo presente e da relatividade de toda opinião. [...] E não é esse modo de reflexão o que entendemos comumente por 'senso histórico'? Podemos definir este último como a disponibilidade e o talento do historiador para compreender o passado, talvez mesmo 'exótico', a partir do *próprio contexto em que ele emerge*. Ter senso histórico é superar de modo conseqüente a ingenuidade natural que nos leva a julgar o passado pelas medidas supostamente evidentes de nossa vida atual.

Ou seja, aquilo que Gadamer chama de consciência histórica, e que ele próprio demonstra como sendo, num certo sentido, uma conquista do pensamento moderno, está ligado fundamentalmente a uma mudança de orientação para com o passado. Doravante, o passado não mais será julgado mediante os critérios, "supostamente evidentes" e, por que não dizê-lo, supostamente naturais, do presente. Ao contrário, ao passado caberá apenas juízos que levem em conta os critérios devidos ao contexto do passado, ou seja, a partir disto, o passado adquire estatuto ontológico autônomo com relação ao presente. O passado se torna, por assim dizer, a alteridade própria ao presente.[14] Esse encontro presente -passado se apresenta enquanto um modelo dialógico, em que o sujeito histórico contemporâneo questiona o passado e, portanto, questiona

---

Gottfried Herder, por sua vez, é considerado, pela maioria de seus analistas, um autor cujo pensamento, ainda que dotado de poderosas e originais intuições, é frequentemente ambíguo e mesmo paradoxal (cabe apontar aqui que o historiador das ideias Isaiah Berlin tende a minimizar esse aspecto do pensamento herderiano), o que teremos a oportunidade de comentar no decorrer do segundo capítulo. Sobre Vico, ver Löwith (1968, p. 166 e ss) e Sevilla (*in* Reyes, 1993, p. 72). Sobre Herder, ver Berlin ("Herder e o Iluminismo", 1982, p. 186-7), Brauer (1993, p. 95) e Collingwood (1987, p. 123).
14. "Tal é provavelmente o aspecto mais importante da consciência histórica atualmente caracterizada como burguesa: não que o antigo deva ser relativizado, mas que o novo, por sua vez relativizado, torne possível uma justificação do antigo" (Gadamer, 1998, p. 15).

a si mesmo, por meio de uma ideia positiva de tradição. A tradição se mostra enquanto condição de possibilidade de toda compreensão, por ser aquilo que vai definir o solo comum em que se relacionam intérprete e objeto interpretado.[15] Temos aqui uma evidência do alcance das mudanças provocadas pela constituição da modernidade com referência ao tempo histórico: a tradição não mais se mostra enquanto autoridade tradicional, eternizada em sua continuidade estática, mas como campo dinâmico e terreno vivo no qual a consciência histórica busca seu (re)conhecimento e, assim, contribui para "a descoberta de nossa própria identidade" (Gadamer, 1998, p. 13).

Está posta a característica fundamental da consciência histórica tal como Gadamer a define: uma mudança na relação com o passado que permite que se coloque em perspectiva o próprio presente, o que, em outras palavras, é justamente o que Gadamer entende por tomada de consciência da própria historicidade de todo presente.

Agora, como o próprio Gadamer não deixa de apontar, essa consciência histórica é um atributo próprio da modernidade *contemporânea*, o que significa que ela é fruto do embate entre as diversas perspectivas acerca da história que se desenvolveram ao longo da modernidade. Perspectivas essas exemplificadas na redução da história à natureza, tal como no iluminismo, e na constituição autônoma do mundo histórico, tal como no contrailuminismo e, depois, no Romantismo. Acompanhar tal embate na história do pensamento moderno é também, sem dúvida, acompanhar uma questão intrínseca a esse processo: a distinção entre ciências naturais e ciências humanas,[16] entre conhecimento da natureza e conhecimento histórico, ou, como temos nos referido até então a essa distinção, entre história e natureza, entre história e natureza enquanto dois domínios cognitivos diferenciados.

---

15. "A compreensão implica sempre uma pré-compreensão que, por sua vez, é prefigurada por uma tradição determinada em que vive o intérprete e que modela os seus preconceitos" (Gadamer, 1998, p. 13).
16. Mesmo com relação a essa questão, a posição de Gadamer (1998, p. 18, p. 20 e ss) é emblemática: não só ele se refere às ciências humanas pela expressão "*Geisteswissenschaften*", numa clara alusão à obra de Wilhelm Dilthey, como também repudia categoricamente a subserviência epistêmica destas às ciências naturais.

Ao se colocar a questão nesses termos, com respeito ao desenvolvimento da distinção moderna entre história e natureza, já assinalamos acima a perspectiva iluminista. Mesmo quando fazem história ou historiografia, os iluministas, de um ponto de vista genérico, pois este não é de modo algum um movimento monolítico, parecem estar muito mais preocupados em demonstrar o quanto o tempo deles é um acontecimento novo para a história da humanidade, e o que deve ser feito para que não haja retrocessos e para que se mantenha o progresso já alcançado do que tentar entender como de fato tal tempo pôde vir a ocorrer. Nesse sentido, o pensamento iluminista parece ser um incômodo exemplo de como falar de história sem estar, contudo, em uma perspectiva histórica. Portanto, cabe mostrar de onde tal perspectiva histórica, que veio a existir no decorrer da modernidade, pode ter se originado. Para isso, precisar a gênese do mundo histórico é fundamental.

Com respeito à criação do mundo histórico, um dos momentos mais importantes na história do pensamento moderno coube ao filósofo italiano Giambattista Vico, que publicou a primeira edição de sua *Scienza Nuova* em 1725 (Löwith, 1968, p. 167), à qual, ao que parece, seguiu-se uma segunda edição amplamente revisada e reescrita em 1744, ano de sua morte. Nessa obra de uma originalidade sem par em seu tempo, Vico se mostra preocupado não apenas com a fundamentação de um conhecimento propriamente histórico, mas com um empreendimento não menos espantoso: solapar a filosofia cartesiana (Berlin, 2002, p. 276), e a ciência matemática estabelecida a partir dela, não apenas com relação ao seu método – a capacidade de conferir certeza às descobertas científicas por meio da dúvida metódica e da análise matemática da realidade – mas também com relação ao seu objeto. Tal crítica se dá por meio da seguinte argumentação de Vico: aquilo que Descartes conseguiu estabelecer a partir da forma do *cogito ergo sum* foi a consciência humana, não o conhecimento (Löwith, 1968, p. 172). O *cogito* nos dá a certeza de que pensamos, não de que conhecemos. Isso assim é porque, ao princípio cartesiano de que só é conhecido aquilo que é passível de ser analisável matematicamente por meio das ideias claras e distintas – esta sendo a principal razão porque Descartes nega à percepção a capacidade de constituir conhecimento, pois as sensações provenientes da percepção não são passíveis de tal análise –, Vico contrapõe um outro, a saber, o princípio de que só é passível de ser conhecido aquilo que é criado.[17] Ou seja, só conhecemos aquilo que nós mesmos criamos, não necessariamente com nossas mãos, mas também, e principalmente, com nosso aparato cognitivo. Nesse sentido, afirmará Vico, o sucesso da empreitada científica ao analisar matematicamente a realidade só ocorre porque a matemática é uma invenção humana, e, ao operar com seus elementos o registro matemático da realidade, ela mesma cria tal registro.[18] Assim, à ciência natural nos moldes cartesianos resta a capacidade de delimitar regularidades, mas não de afirmar por que elas ocorrem, ou com qual finalidade, pois a natureza não é obra humana, mas do Criador, ou seja, Deus. Portanto, somente a Seus olhos a natureza se mostra como um livro a ser lido.

No entanto, aquilo a que podemos nos referir como sendo a natureza não se restringe ao mundo natural. Existe ainda outro tipo de natureza: a humana, e a esta também se refere outro mundo: o histórico, este sim, genuíno objeto do conhecimento do humano, pois é este quem o cria. Esse mundo histórico, que Vico chama de mundo civil, por ser o mundo das nações, cidades, costumes e tradições, é justamente o registro da experiência sociopolítica humana através dos tempos, da geração e degenerescência das sociedades, e é o verdadeiro objeto sobre o qual o humano pode almejar conhecimento, por ser fruto de sua própria existência.

De um modo bastante sintético, é assim que podemos caracterizar a emergência do mundo histórico a partir da obra de Vico. Com a pos-

---

17. Sobre esse princípio cabe, contudo, um breve comentário: o que se mostra nesse argumento por parte de Vico é nada mais que uma das várias encarnações filosóficas do famoso "argumento do criador do conhecimento", que reza justamente o postulado de que do real só se pode apreender aquilo que pelo sujeito foi construído. Ou seja, tal princípio identifica o primado da atividade cognitiva do sujeito em detrimento da possibilidade de apreender a estrutura objetiva da realidade. Para um tratamento atualizado do argumento e suas múltiplas aparições, especialmente no que concerne às ciências humanas, ver Domingues (2004, p. 33 e ss). Sobre Vico, especialmente, ver Domingues (2004, p. 40-1).
18. "Desta forma, nossa ciência procede exatamente como a geometria, que, ao construir com seus elementos, ou contemplar o mundo da quantidade, ela mesma os cria" (Vico, p. 349 *apud* Löwith, 1968, p. 174).

tulação do argumento do conhecimento do Criador, o que estabelece uma distância, ao mesmo tempo em que marca uma fronteira com a concepção científica do mundo, e sua consequência metodológica de convergência entre o *verum* e o *factum*. O verdadeiro e o fato (ou, antes, o feito) se equivalem (Collingwood, 1987, p. 89), sendo que o significado disso é que a condição de verdade não existe em um registro externo e objetivo ao sujeito, mas, antes, é consequência da própria atividade cognitiva dele. Se isso, de alguma forma, parece refratário à atividade científica em sua perscrutação da natureza, por outro lado, mostra-se definitivamente adequado à instauração de uma compreensão interpretativa do passado. Daí a importância de Vico, em retrospecto, para a constituição de algo como a consciência histórica gadameriana. Pois, uma vez que Gadamer não esconde sua filiação com a obra de Wilhelm Dilthey, a fundação, por parte de Vico, do mundo histórico como o devido domínio do conhecimento humano, bem pode ser lido como precursor da afamada distinção diltheyana entre ciência natural e ciências do espírito.

A título de finalização, gostaríamos apenas de ressaltar que Vico, assim como seus pares do século XVIII, também pensava nos termos de uma concepção uniforme de natureza humana. Entretanto, no registro do pensamento histórico de Vico, essa uniformidade fundante de tal natureza humana era justamente o princípio que sustentava, em seu método histórico, a capacidade de compreensão das ações humanas narradas no passado, pois tanto aqueles que agiram em um passado qualquer quanto o historiador que se esforça em compreendê-los portam uma mesma natureza, e isso como que constrói uma harmonia pré-estabelecida entre um e outro (Collingwood, 1987, p. 90).

Iniciamos este texto com uma tentativa de resposta, certamente provisória e inconclusa, acerca do que significaria o conceito de filosofia da história. Tendo afirmado que tal conceito não pode ser propriamente compreendido apartando-o da modernidade na qual se insere, passamos a uma espécie de mapeamento do conceito e de sua época, tentando, nos limites deste livro, apontar as diferentes posições acerca do tema como também duas faces de um mesmo processo histórico, qual seja, o advento da modernidade e as ideias que não só a acompanharam, como a tornaram possível. A continuar nessa mesma perspectiva, a de compreender a emergência da filosofia da história enquanto um fenômeno decididamente moderno, vamos agora analisar a notória tese da secularização, do filósofo alemão Karl Löwith que, em sua obra *O sentido da história*, não só define a filosofia da história como uma interpretação sistemática da história universal, como também a põe em perspectiva com as interpretações teológicas da história advindas da tradição judaico-cristã, propondo uma visão bastante polêmica acerca desse objeto. Indicamos ainda que, após a análise da obra de Löwith, vamos fazer uma análise concisa das respectivas filosofias da história de Voltaire, Herder, Kant e Hegel, voltando, portanto, ao momento histórico no qual as tentativas de compreensão filosófica da história entram em cena.

Löwith e a tese da secularização

A análise do que deve ser uma filosofia da história é o objeto do livro de Karl Löwith, *O sentido da história* (1968). Nessa obra, Löwith intenta demonstrar sua famosa tese da secularização: a filosofia da história moderna se constitui, em seus elementos originários, de uma secularização da teologia da história erigida na tradição judaico-cristã. Essa tese é, sem dúvida alguma, de uma força considerável. No entanto, ela se mostra também bastante polêmica por aproximar uma construção filosófica que é fruto de uma mudança de consciência modelada com o advento da modernidade, de uma tradição da qual essa mesma modernidade, se esta pode ser encarada de maneira tão simples, busca se desvencilhar. Desconforto esse que o próprio Löwith, dono de uma retórica especialmente crítica em se tratando da condição do humano moderno, não só reconhece como se prontifica em apontá-lo.

Com toda certeza, Löwith demonstra bastante simpatia para com os elementos não modernos que ele encontra em sua análise da filosofia da história, no entanto, a redução de seu livro a apenas uma possível defesa da tradição frente à modernidade incorreria não apenas em erro, como mascararia uma definição essencial que Löwith aponta a todo instante: a filosofia da história é um fenômeno decididamente moderno. Apesar de Löwith caracterizar a filosofia da história como uma mescla de duas concepções de história, a concepção grega e a judaico-cristã, sua argumentação, ainda que não indique isso explicitamente, aponta para o fato de que somente a referência a essas duas concepções não é capaz de extinguir a questão, devendo a consciência filosófica moderna adicionar elementos próprios à sua concepção de filosofia da história. Consideramos que essa posição será aos poucos esclarecida com a argumentação que virá a seguir.

A análise feita por Löwith (1968, p. 9) em seu livro inicia-se com a busca por uma definição estrita de filosofia da história. Segundo ele, a primeira referência a esse termo se encontra em Voltaire, em seus *Essaies sur les mœurs et l'esprit des nations*. Tal expressão encontrada em Voltaire é importante não só por sua existência histórica, mas por ser desde já detentora de um sentido moderno: nela, o princípio constitutivo dos acontecimentos históricos não é mais a providência divina, mas a razão e vontade humanas. Löwith aponta sintomaticamente para o sentido moderno de tal expressão, ela seria, assim, distinta de uma interpretação teológica da história. No entanto, Löwith aponta ainda mais uma coisa: com a paulatina desconfiança na razão humana a partir do século XVIII (a referência provável aqui sendo o Romantismo alemão), a expressão perde seu significado original, passando a designar qualquer pensamento sobre a história.

Após essas primeiras considerações, Löwith (1968, p. 10) apresenta a sua definição: filosofia da história significa uma interpretação sistemática da História Universal, de acordo com um princípio segundo o qual os acontecimentos históricos se unificam em sua sucessão e se dirigem para um significado fundamental, ou seja, dirigem-se para um *telos* histórico, uma finalidade histórica, configuram-se enquanto teleologia. Ao pôr essa definição, Löwith afirma a dependência da filosofia da história em relação a uma visão teológica. Não é sem espanto que somos levados, até aqui sem maiores explicações, do terreno da filosofia moderna à teologia formada a partir das profecias do Novo Testamento.

Voltando, no entanto, à tese de Löwith, o espanto permanece: que elementos são esses que permitem a Löwith estabelecer uma tese, a princípio, tão desconcertante? O que há na filosofia da história advinda de Voltaire que permita tal continuidade com a teologia erigida na tradição católica a partir dos profetas hebreus? O primeiro (e talvez principal) elemento é o de que a filosofia da história aspira ao futuro, no sentido da progressiva superação humana. Essa é a principal consequência que se pode retirar da teia argumentativa tecida por Löwith. Todo o esforço de Löwith em apresentar a filosofia da história como uma secularização da teologia da história de extração judaico-cristã reside justamente neste ponto: o papel que certa ideia de futuro desempenha em tal construção filosófica. Assim, Löwith exige a redução analítica da interpretação moderna da história a seus elementos originários, não modernos. Isso leva ao seguinte argumento: ao secularizar certa interpretação da história, retirando o que nela havia de divino (a providência) e postulando o humano (razão e vontade), a modernidade lê a si mesma, com a ajuda da ideia positivista de progresso, como uma superação constante rumo a estágios mais elevados de experiência e satisfação humanas. Havendo a crença em tal superação, a modernidade concebe também a história como uma progressão constante promovida por intelecto e vontade humanos. Nesse ponto, Löwith levanta uma questão particularmente importante: a eliminação do problema do mal pela concepção moderna de que a história é uma evolução progressiva (Löwith, 1968, p. 13). Ingenuidade essa que, segundo ele, nem a antiguidade clássica nem o cristianismo se permitiram.

Observe-se que quando Löwith estabelece sua leitura da filosofia da história por meio do que ele chama de seus "elementos originários", ele faz referência a duas concepções de história que são não só bastante diversas entre si, como também o são da concepção moderna: as concepções grega e judaico-cristã de história. Isso pode parecer um pouco excessivo se se tem em mente que a tese löwithiana refere-se à continuidade secularizada entre a concepção moderna e a judaico-cristã, não se mostrando necessário, em princípio, fazer referência também ao mundo grego. No entanto, não só ele considera que a concepção moderna é uma mescla de ambas as concepções, como é frente às características do mundo grego que Löwith vai reiterar as semelhanças entre as concepções moderna e judaico-cristã de história. Comecemos com a concepção grega, portanto.

Segundo Löwith (1968, p. 14), para a visão de mundo grega, só é realmente digno de reflexão filosófica aquilo que é imutável, ou seja, aquilo que permanece e que é, portanto, externo à contingência. Um exemplo de objeto imutável segundo essa compreensão grega, dado pelo próprio Löwith, são os corpos celestes que a cada noite aparecem fixos no céu. Esses corpos seriam considerados pelos gregos símbolos da beleza e da ordem do cosmos, posto que eram imutáveis, ou seja, permanecem fixos no céu apesar de desaparecerem e reaparecerem a cada dia e noite. Existe, contudo, outra noção que acompanha a de imutabilidade: a de que as coisas que permanecem são aquelas que se repetem de maneira constante. Exemplo de objeto perfeito nesse sentido é o Sol, que nasce e se põe todos os dias sem que nada nele ou em sua constância tenham mudado. Dessa maneira, Löwith (1968, p. 14) aponta a característica fundamental da concepção temporal dos gregos: tudo se move em repetições, como a eternidade do nascente e poente do Sol, de verão e inverno, de geração e morte. Apesar da aparência paradoxal, essa mentalidade é bastante coerente, pois é justamente a percepção de ciclos de repetições constantes – nascente e poente, geração e morte, etc. – que permite que tais objetos sejam avaliados como imutáveis, ou seja, não contingentes. Essa percepção da imutabilidade na visão de mundo grega não está, no entanto, restrita aos corpos celestes, ao contrário, ela é de fato a exata manifestação da perfeição do cosmos. Desse modo, ela é uma lei cósmica e será igualmente a norma para a compreensão grega da história.[19]

Há ainda uma particularidade com relação ao papel da história na cultura grega: a história era compreendida como o espaço por excelência da contingência, ou seja, daquilo que é transitório e que, portanto, retinha um valor infinitamente menor do que a filosofia, que, em sua reflexão, ocupava-se daquilo que é imutável. Assim, a história que será feita na Grécia será eminentemente uma história política, isto é,

---

19. Nesse sentido, também com relação ao mundo helênico a história seria regida por leis naturais.

uma narração de eventos passados causados por ações humanas no campo da disputa pelo poder. Nesse sentido, será matéria de estudo, sobretudo, para estadistas, além de historiadores propriamente ditos.

Percebe-se claramente então as diferenças guardadas à filosofia e à história enquanto atividades práticas dentro da cultura grega, para notório desprestígio da segunda. Com efeito, afirma Löwith que, nos moldes da reflexão filosófica grega, uma filosofia da história seria nada mais do que "um contra-senso" (Löwith, 1968, p. 14). Reconhecemos aqui um ponto simplesmente capital para a argumentação de Löwith, pois, se a filosofia da história não tem suas raízes no mundo grego, ela então as deve ter em outro lugar.

Resta ainda delimitar a função da história dentro da atividade política, por que razão ela haveria de ser estudada por aqueles que pretendiam desempenhar posições de comando na estrutura política grega. Aos olhos do indivíduo contemporâneo, tal função é, sem dúvida, singular: aprender com o passado para que se possa conhecer o futuro. Em um momento bastante interessante, Löwith (1968, p. 21) afirma, citando Burckhardt, que aquilo que "mais profundamente nos separa dos antigos é que estes acreditavam (...) na possibilidade de predizer o futuro, seja pela inferência racional ou pelos meios mais populares de consultar os oráculos e das práticas adivinhatórias". Pois se trata justamente do primeiro caso, predição por inferência racional, aquele em que se encaixa a história. A ideia é a seguinte: como o passado é resultado de ações humanas, e estas, por sua vez, devem-se à natureza humana, que é imutável[20] – principalmente no terreno do poder que é a política – logo, aquilo que aconteceu um dia vai se repetir no futuro.

---

20. Pode parecer que, ao fazermos menção anteriormente à história como *locus* próprio da contingência e agora estabelecermos a natureza humana (imutável) como suporte das ações das quais se alimenta a história, haja aqui alguma contradição. No entanto, o que ocorre é que apesar da natureza humana ser imutável, as ações que dela decorrem não o são. Ao contrário, são puramente contingentes. É a essas ações que a história se refere, e não às razões por detrás delas. Dessa maneira, o fato de que no dia Z o soldado D tenha assassinado o comandante X é um evento histórico completamente contingente – ele poderia simplesmente não ter acontecido – no entanto, isso não impede que não se possa predizer outros assassinatos no futuro, pois faz parte da natureza humana o ato de assassinar.

Temos aqui o reaparecimento da cosmologia grega constituída pela repetição, que, por consequência, afirma não só que o futuro é uma repetição do passado, mas, mais importante, que o futuro não tem existência independente do passado, no sentido de que ele não está aberto à criação de novos acontecimentos, mas apenas à repetição dele (nesse sentido, e de acordo com a argumentação löwithiana, os gregos tinham familiaridade com o futuro). Assim sendo, o futuro não só é um elemento passível de ser deduzido do passado, como também não é desconhecido: quem conhece bem o passado, conhecerá igualmente o futuro. É justamente a ideia de um futuro impossível de ser conhecido (a não ser pela revelação divina) que a história de salvação judaico-cristã vai estabelecer.

Contra esse plano de fundo da concepção grega de história, torna-se simples entender o porquê da escolha feita por Löwith da escatologia judaico-cristã enquanto raiz da filosofia da história, pois é essa escatologia que vai postular o futuro enquanto um elemento incognoscível. Introduzida essa outra maneira de se reconhecer o tempo (e a história), o futuro passa a ser algo com o qual se mantém uma relação de espera, e cujo conhecimento não é mais possível. Perceba-se que a própria ideia de profecia (as profecias do Novo Testamento são a principal fonte de Löwith) parece só ganhar sentido frente a um panorama histórico-temporal em que o futuro seja completamente opaco, em que aquilo que está por vir seja completamente estranho, inteiramente não familiar. Assim sendo, as características que Löwith retira da escatologia judaico-cristã no intuito de trazer a lume sua concepção de história são estas: 1) o futuro é o objeto das profecias de salvação reveladas por Deus aos profetas hebreus e, dessa maneira, o futuro é completamente independente do passado, assim como 2) tanto o passado quanto o presente só adquirem significado quando observados em relação ao futuro, ou seja, o princípio de significação tanto do passado quanto do presente é o futuro, o que está por vir, o que ainda não aconteceu, mas vai acontecer (daí o caráter de salvação da escatologia judaico-cristã).

Existe uma diferença fundamental entre as concepções judaico-cristã e grega de história: a possibilidade de predizer o futuro. Para a concepção grega, a predição do futuro não só é possível como se apresenta enquanto uma dedução a partir do que já aconteceu, além das já citadas práticas de adivinhação e oráculos. Uma inferência racional permitida pela cosmologia da repetição, cuja consequência é a impossibilidade de ocorrer no futuro algum evento que seja completamente anômalo em comparação ao que já ocorreu no passado. Na concepção judaico-cristã, por sua vez, os acontecimentos vindouros não só são inteiramente autônomos com relação ao que já ocorreu como tampouco podem ser preditos, ao contrário, somente Deus pode revelá-los.

Toda essa análise de duas tradições bastante diversas entre si, mas cujos traços são plenamente reconhecíveis em boa parte do pensamento moderno, permite a Löwith (1968, p. 35) emitir a seguinte consideração: "Não pertencemos nem à antiguidade clássica e nem ao cristianismo antigo, somos modernos, isto é, um composto mais ou menos inconsistente de ambas as tradições". Essa frase praticamente resume toda a construção da obra de Löwith, se não estivesse faltando ainda um componente para finalizar sua tese.

Os gregos prediziam o futuro, pois este lhes era familiar. Os profetas hebreus do Novo Testamento, por sua crença na revelação divina, depositaram sua fé no futuro, e assim, ao tornar esse algo completamente extrínseco ao passado, o lançam em um domínio incognoscível ao humano, o domínio da vontade divina, que não pode ser confundida com a fatalidade, por se tratar de uma vontade pessoal (Löwith, 1968, p. 21). Agora bem, como já foi afirmado aqui, traços de ambas as concepções podem ser reconhecidos no pensamento sobre a história, construído com o advento da modernidade. Talvez se pudesse mesmo observar tal pensamento em sua completude como uma passagem do embate, constitutivo da civilização ocidental, entre fé e razão. Pois, se um princípio unificador em história, criação, segundo Löwith, da filosofia da história moderna, não pode ser tomado como uma predição do futuro (no sentido de um oráculo, por exemplo), ele, no entanto, concede cognoscibilidade à história, posto que esta tem uma ordem que pode ser conhecida (via apreciação do passado) e que, ao estabelecer as bases para o presente pode, em alguma medida, determinar o futuro. Sobretudo, essa maneira de encarar a história permite libertar tal pensamento do incômodo de ter de se submeter à revelação divina.

Até aqui pareceria então que a filosofia da história seria uma construção que devesse mais aos gregos do que aos profetas hebreus, contudo, como já foi explicitado, a própria ideia de filosofia da história perante o mundo filosófico grego seria um contrassenso. Resta assim, enquanto elemento originário da filosofia da história, a escatologia judaico-cristã. Todavia, essa escatologia nos traz ainda outro problema, pois, se ela prepara o futuro enquanto o lugar do novo, o que jamais aconteceu antes, logo pura criação divina, essa escatologia ainda é um discurso teológico. Nesse sentido, sua relação com o futuro é de fé e esperança, não cabendo nem predição (por sua relação com o passado) e nem determinação (por sua relação com o presente). Mais uma vez, o futuro só deixa de ser opaco ao humano por meio da revelação divina, por ser fruto de sua vontade.

Toma parte aqui, portanto, o elemento final da tese de Löwith: a filosofia da história é uma secularização da escatologia judaico-cristã. Antes de continuarmos, uma consideração: vale a pena lembrar aqui que o estabelecimento do futuro enquanto algo que se espera não é a única característica da escatologia cristã. Tão importante quanto esta é a sua outra característica, qual seja, a de que o princípio de significação tanto do passado quanto do presente é o futuro, uma vez que é neste que reside a salvação. Dessa maneira, tem-se a constituição de uma direção escatológica (Löwith, 1968, p. 16), ou seja, as ações humanas presentes e passadas só adquirem sentido quando observadas em direção ao futuro, pois é lá que reside o significado fundamental da existência humana que é a salvação. Temos aqui o retorno à expressão dirigida a um significado fundamental que Löwith coloca em sua definição de filosofia da história.

Voltando à ideia de secularização da escatologia cristã enquanto elemento definidor da filosofia da história, agora podemos prosseguir em sua acepção: tal ideia significa que, ao destituir a providência divina de seu caráter de elemento regente da história, e colocar em seu lugar a razão humana, como a referência a Voltaire no início do texto ilustra bem, temos a passagem de uma direção escatológica com vistas à salvação, a uma direção progressiva com vistas à superação humana. E mais importante, o que se mostra, portanto, é a passagem de um princípio de significação da história definido e transcendente (a salvação humana postulada pela ideia de Deus) para um outro, indefinido e imanente (a crença em uma certa ideia de perfectibilidade do humano a ser alcançada pelo próprio humano num futuro em aberto, como, por exemplo, o sonho iluminista de uma sociedade puramente racional).[21] Assim sendo, a filosofia da história seculariza o que era uma direção escatológica em uma ideia de progresso, uma ideia de evolução progressiva rumo a estágios mais elevados de experiência e satisfação humanas.

Observação final de Löwith e prognóstico crucial das crenças subterrâneas à filosofia da história (ao menos, em seu viés iluminista): conceber a história segundo uma ideia de evolução progressiva garantida pelo intelecto e vontade *humanos* significa, em alguma medida, ambicionar a eliminação do problema do mal (Löwith, 1968, p. 13).

---

21. Observe-se, por exemplo, o comentário de Löwith acerca da obra *Esquisse d'un tableau historique des progrès de l'esprit humain* de Condorcet – escrita em 1793 e publicada postumamente em 1795: "Ciência pura, experimento e cálculo, 'sem mescla alguma de superstição, preconceito ou autoridade', transformam a profecia arbitrária em um prognóstico racional que nos permite substituir a providência divina pela previsão humana. Em particular, a aplicação da aritmética de combinações e probabilidades nos permitirá determinar com precisão quase matemática 'a quantidade de bem e de mal'. O aperfeiçoamento que podemos esperar afetará também as nossas faculdades físicas e morais, e então 'chegará o momento no qual o sol observará em seu curso nada mais que nações livres, que não reconheçam mais subordinação que não seja à sua razão, nas quais não existirão nem escravos e nem tiranos, nem sacerdotes e nem seus instrumentos, fora da literatura ou da história'" (Löwith, 1968, p. 136).

CAPÍTULO 2

AS FONTES DA FILOSOFIA DA HISTÓRIA
Voltaire, Herder, Hegel e Kant

Voltaire e Herder: Iluminismo e Romantismo

Parece certo que a obra de Löwith não faz justiça à complexidade do panorama delineado no início do texto acerca do pensamento histórico dos séculos XVIII e XIX, ou, antes, para ser mais exato, na passagem do século XVIII ao XIX. Isso é tão mais verdade se levarmos em conta que Löwith, ainda que se refira à constituição, por parte de Vico, do mundo histórico (Löwith, 1968, p. 168)[1], em nenhum momento se refere em seu livro nem à obra de Herder, que detém notória importância quanto à constituição da história enquanto processo criador – ao invés da mera "coletânea de erros humanos" tão ao gosto dos iluministas – tampouco à de Kant,[2] que, ainda que não tenha no pensamento histórico seu forte, com a escrita de seu opúsculo *Idéia de uma história universal de um ponto de vista cosmopolita* demonstra ser um ponto de inflexão fundamental para o desenvolvimento da reflexão histórica em solo alemão. No entanto, se a tese geral löwithiana da secularização parece

---

1. Ainda que, em sua análise do pensamento viconiano, os pontos mais sublinhados por Löwith sejam justamente o catolicismo de Vico e a importância da religião em sua obra.
2. Eis tudo o que Löwith (1968, p. 92-93) tem a dizer sobre o pensamento histórico de Kant: "Na teologia da História, os desígnios ocultos que se desenvolveram com necessidade providencial nas decisões e paixões dos homens dependiam de Deus; na filosofia da História de Kant, de um oculto desígnio da Natureza". Nem uma palavra a mais.

tender ao exagero quanto ao teor religioso dos pensadores analisados[3] em sua obra, existe um ponto bastante importante a animar sua tese, ponto esse que, para nossos propósitos, pode inclusive ser apropriado independentemente das consequências de tal tese. Esse ponto se apresenta na definição dada por Löwith de filosofia da história como uma interpretação sistemática da história universal. Com efeito, o que está em jogo aqui, e o que, no entender de Löwith, torna a filosofia da história moderna um empreendimento derivado da interpretação teológica da história, é justamente esse caráter de universalidade exigida por tal compreensão filosófica da história, assim como também o tipo de suporte que tal formulação demanda. Ora, essa universalidade não pode jamais estar baseada no registro empírico da realidade histórica.[4] Uma reflexão acerca da história que fundasse sua universalidade na amplitude da matéria histórica analisada conseguiria apenas ser uma reflexão mais ou menos geral, não universal. Esta situação se mostraria fora de foco. Aquilo que realmente permite a constituição de uma tal história universal é o fato de ela estar fundada em um princípio (metafísico, se assim se quiser denominá-lo) de significação que é em si mesmo externo à história, que não faz parte dela mas que, apartado dela, a conforma. A existência, nesse tipo de reflexão filosófica da história, de um princípio desse tipo é o que concede também o seu caráter sistemático. Pois, em se tratando de história, todo o infatigável conjunto de eventos e acontecimentos sociais de que se ocupa tal disciplina será unificado em uma sucessão significativa, ou seja, a história será observada enquanto um todo organizado, sustentado por uma ideia de sentido que, por sua vez, aponta para outra ideia: a de finalidade. Temos, portanto, a constituição do caráter teleológico de toda filosofia da história, a imputação de uma finalidade à história para que se descortine o significado profundo do agir humano em história. No entanto, não se pode esquecer que tal questão acerca do

---

3. No caso de sua análise de Marx, por exemplo, Löwith (1968, p. 68 e ss) não vê o menor constrangimento em identificar no *Manifesto Comunista*, em sua "estrutura profunda", nada menos que o milenar messianismo e profetismo judaicos, inalterados após "dois mil anos de história econômica".
4. Como muito bem aponta a crítica de Löwith (1968, p. 160) a Voltaire.

sentido da história é posta não nos termos da história empírica (ou, antes, não apenas nesses termos), dos fatos históricos que grassam a cada momento histórico observado isoladamente, mas nos termos do que significa o próprio transcorrer histórico enquanto parte da existência humana, ou da existência da própria humanidade. Daí advém a ideia de sentido oculto da história, que somente uma compreensão filosófica do objeto poderia revelar.

A partir da definição de Löwith, portanto, podemos chegar a uma delimitação formal do que seja filosofia da história. No caso, como sendo aquele tipo de reflexão histórica em que se postula a regência da história por parte de um princípio externo à própria história, autônomo com relação a ela, mas que, contudo, impõe sentido e significado a esta. Entretanto, antes que nos adiantemos mais nesse tópico, há algo que deve ser sublinhado aqui. Uma das consequências mais importantes desse tipo de pensamento histórico é justamente a crença de que a história não tem sentido nela mesma. A história se apresenta, nesse viés, como um amontoado confuso de atos, geralmente bárbaros e violentos, e necessita, assim, de um princípio que a torne, se não suportável, ao menos, compreensível. Desse modo, o que se apresenta é não só um preconceito geral contra a história, como também, e principalmente, uma tremenda incapacidade de se pensar historicamente.

De tal incapacidade, já observamos aqui o quanto o Iluminismo nos dá testemunho. Agora, no entanto, vamos analisar brevemente o pensamento histórico daquele a quem, se muitas vezes foi imputada a paternidade do Iluminismo, foi também quem (paradoxalmente, talvez) cunhou o termo "filosofia da história": Voltaire.

Retomemos aqui, contudo, uma evidência. De fato, o Iluminismo, enquanto movimento, detém o mérito de ter se voltado para a história, ainda que na esteira de uma época especialmente conturbada. O problema aqui, entretanto, é a maneira como tal virada em direção à história ocorre. Quando observada retrospectivamente, o que resta da concepção iluminista é pouco mais do que um uso político da história, com o intuito (justificado, sem dúvida, mas nem por isso impune) de abater as estruturas institucionais do clero e da corte de então.⁵ A partir disso, torna-se possível perceber que, em se tratando dos iluministas, a história era utilizada como meio para um determinado fim, e não como um objeto significativo, ou mesmo válido por si próprio.

Nesse sentido, em Voltaire, existe realmente uma preocupação bastante especial para com a história, ainda que não seja de um tipo que leve a um pensar genuinamente histórico. Em seu *Dicionário Filosófico*, Voltaire (1978, p. 205) escreveu um verbete chamado *História*, no qual nos apresenta suas principais ideias acerca dessa disciplina, a qual o próprio Voltaire qualifica como arte. No entanto, condizente com a mentalidade iluminista, o que se mostra no verbete sobre a história de Voltaire é menos uma investigação metodológica ou epistemológica sobre a história, ainda que o verbete carregue uma seção intitulada "Do método, da maneira de escrever a história e do estilo", do que a análise, e crítica, de dois temas específicos. O primeiro deles é o modo extremamente preconceituoso com que a Europa observa outras civilizações e povos não cristãos (ainda que o próprio Voltaire se mostre preconceituoso em alguns momentos).⁶ A razão da veemente condenação de tal postura europeia parece ser a percepção voltairiana de que a causa desses preconceitos é justamente a história narrada em termos religiosos, tal como mantida pelas autoridades eclesiásticas – tal

---

5. "Considerar qualquer fase da história como inteiramente irracional é olhar para ela, não como historiador, mas como publicista, como polemista de panfletos de circunstância. [...] Por esta razão, escritores como Voltaire e Hume fizeram muito pouco, no sentido de aperfeiçoar os métodos da investigação histórica. Retomaram os métodos delineados, na geração precedente, por homens como Mabillon, Tillemont e os bolandistas, mas não os utilizaram com um espírito verdadeiramente investigador. Não estavam suficientemente interessados pela história, em si mesma, para prosseguirem a tarefa de reconstituir a história de períodos obscuros e remotos" (Collingwood, 1987, p. 104-105).
6. De fato, Voltaire (1978, p. 204-205) foi um entusiasta de civilizações não europeias e não cristãs, principalmente China e Índia, sobre as quais escreveu: "A China e a Índia foram sempre omitidas de nossas pretensas histórias universais, embora sejam as duas nações mais antigas de todas as que subsistem ainda hoje, as que possuem os países mais belos e mais vastos, as que inventaram quase todas as artes antes que tivéssemos conhecido algumas". Entretanto, esse mesmo entusiasmo não é visto quando se trata do Novo Mundo, cujos povos são rapidamente retratados como se fossem preguiçosos.

história, por não aceitar um tratamento racional dos fatos ali descritos, apenas serviria à manutenção da ignorância e à manipulação da Igreja.

O segundo tema é a implacável crítica cerrada aos elementos mágicos e religiosos presentes na história praticada pelos antigos[7] e à história sagrada como um todo, inclusive, e principalmente, aquela praticada em sua época.[8] Uma vez que Voltaire vivia sob o jugo de um regime absolutista, com sua notória junção entre Estado e Igreja, e o próprio modo como a autoridade religiosa dominava a mentalidade europeia em seu tempo,[9] não é difícil perceber o quanto os dois temas, e suas respectivas críticas, estão intimamente ligados. E assim sendo, a divisão estabelecida por Voltaire entre história sagrada e profana[10] se mostra emblemática desses embates.

Afirmamos acima que de fato existiria em Voltaire uma preocupação peculiar com a história. Acerca de tal fato, a pergunta, e subsequente resposta, servirão de exemplo: "Qual é a história útil? Aquela que nos mostra nossos deveres e direitos sem ter a aparência de nos querer ensiná-los" (Voltaire, 1978, p. 206). Se retivermos em mente a já apresentada distinção entre história sagrada e profana, não nos será difícil imaginar qual o tipo de história que se encaixa nessa demonstração de "utilidade". Com seu típico viés racionalista, a afirmação de Voltaire

---

7. "Os primeiros fundamentos de toda História encontram-se nas narrativas que os pais fazem aos filhos e que são transmitidas depois de geração em geração. [...] Com o tempo a fábula cresce e a verdade diminui: por este motivo todas as origens dos povos são absurdas. [...] Sabe-se como impera o maravilhoso ridículo na história dos gregos. Os romanos, tão sérios, também não deixaram de envolver em fábulas a história de seus primeiros séculos" (Voltaire, 1978, p. 204).
8. Löwith (1968, p. 152) mostra, por exemplo, que o *Essaies sur les mœurs et l'esprit des nations* de Voltaire foi escrito em direto confronto com o *Discours sur l'histoire universelle* do bispo Bossuet.
9. "Temos vinte histórias dos estabelecimentos portugueses nas Índias, [...] Repetem em todos os escritos que os indianos adoram o diabo. Os capelães de uma companhia de comércio já partem com esse preconceito e assim que veem figuras simbólicas nas costas de Coromandel não deixam de escrever que são retratos do diabo, que estão em seu império e que vão combatê-lo. Não percebem que somos nós os adoradores do diabo Mamon, e que vamos levar-lhe nossos votos a seis mil léguas de nossa pátria para dele obter dinheiro" (Voltaire, 1978, p. 209).
10. "A história dos acontecimentos divide-se em sagrada e profana" (Voltaire, 1978, p. 204).

não deixa dúvidas: somente uma história que aceite submeter aquilo que narra ao agudo tratamento imposto pela razão merece essa denominação. O resto é fábula e impostura. E que tipo de história aceitará tal sujeição? Decerto não será a sagrada, pois esse procedimento a que Voltaire se refere implicaria seguramente na recusa do dogma, que não encontra sua fundamentação em nenhum outro lugar que não a fé. Dessa maneira, resta à história profana, ou seja, laica, tomar sua posição na consciência humana.

Assim, ao constituir a distinção entre história sagrada e profana, com uma clara sugestão pela segunda – a história que nos mostra algo sem, contudo, nos querer ensiná-lo, ou seja, história passível de ser criticada, examinada, e mesmo refutada, mas nunca história aceita dogmaticamente –, Voltaire acaba por apontar uma consequência subterrânea em sua formulação, qual seja, a de que a história laica desmascara o manto supersticioso, religioso e mágico que envolve o humano antigo e pré-iluminista.

Essa atitude de Voltaire está, obviamente, em consonância com o espírito científico-racionalista de sua época (e do qual ele próprio é um dos principais porta-vozes). Espírito esse que, não resta dúvida, foi importante para que a história saísse de um estágio e passasse a outro, com uma maior atenção às evidências, documentos e outros objetos que atestem a veracidade dos fatos, ao mesmo tempo em que abandonaria alguns vícios, os quais Voltaire chega a relatar de maneira quase folclórica.[11] Não se mostra claro, no entanto, se Voltaire efetivamente observa

---

11. "Mas o mais instrutivo é a justiça rigorosa dos clérigos para com todos os príncipes que os desgostam. Com que candura imparcial São Gregório de Nazianzo julga o Imperador Juliano, filósofo! Declara que este não temia o diabo e que mantinha contato secreto com ele, mas que um dia os demônios lhe apareceram envoltos em chamas e sob figuras hediondas e que os expulsou fazendo por inadvertência o sinal da cruz. Chama-o de 'furioso', de 'miserável'. Assegura que imolou rapazes e moças todas as noites em sua adega. É assim que fala do mais clemente dos homens, que nunca se vingou sequer das invectivas do próprio Gregório. E como o melhor método para caluniar um inocente é fazer a apologia de um culpado o santo de Nazianzo não teve dúvidas em fazer o elogio do predecessor e tio de Juliano, Constâncio, que mandara matar seu tio Júlio mais seus dois filhos, os três declarados augustos. Mandou matar também Galo, irmão de Juliano. [...] Mas era um devoto e orava muito. E, assim, Gregório faz

a história profana como algo mais do que um instrumento político em sua luta contra o domínio eclesiástico, a atestar isso a falta de qualquer consideração em profundidade do tipo de conhecimento que a história pode promover. "Toda certeza que não encontre uma demonstração matemática é uma simples probabilidade. A certeza histórica é dessa espécie" (Voltaire, 1978, p. 207). Ou seja, a história enquanto ramo de conhecimento genuíno se apresenta de maneira ambígua, posto que não matematizante, logo, não científica (cartesianismo).

Não seria essa uma das consequências diretas da severa crítica feita por Collingwood a respeito do pensamento iluminista concernente à história? Uma confiança praticamente total na concepção científica do mundo a impedir o surgimento, ou ao menos o fortalecimento, de uma concepção histórica, não do mundo, certamente, mas daquilo que nele se mostre humano, os povos e as sociedades, enfim. Ao invés disso, observa-se uma tentativa de se criar uma "ciência da natureza humana" cujo substrato substancialista inequívoco não permite que se historicize tal propriedade, o que leva a afirmações como:

> Tais observações [astronômicas] revelam que os babilônios formavam um povo organizado muitos séculos antes delas, pois *as artes são obra do tempo* e a *preguiça natural dos homens deixa-os por milhares de anos reduzidos aos conhecimentos e aos talentos necessários para a alimentação e para a defesa contra as injúrias do clima e do ataque recíproco*. Pode-se julgar a veracidade dessa afirmação examinando-se os germanos e os ingleses, no tempo de César, os tártaros, hoje em dia, dois terços da África e todos os povos encontrados na América, com exceção dos reinos do Peru e do México e da república de Tlascala. Lembremo-nos ainda de que nesse Novo Mundo ninguém sabia ler ou escrever. (Voltaire, 1978, p. 204, grifos nossos)

Ou seja, tudo se passa como se existisse uma *escala*, um padrão único para as realizações humanas, pois só há *uma* natureza humana – portanto, as diferentes sociedades não são vistas como constelações

---

seu panegírico. Se é dessa maneira que os santos nos ensinam a verdade, que não devemos esperar dos profanos, sobretudo quando são ignorantes e apaixonados?" (Voltaire, 1978, p. 207).

singulares e distintas, com seus valores e práticas com significação própria, mas como manifestações empíricas de uma mesma substância: a já citada natureza humana. Assim, mais uma vez, tudo ocorre como se a trajetória a ser percorrida da utilização do vestuário à criação da escrita, por exemplo, tivesse de ser a mesma em qualquer lugar do planeta, com qualquer povo, sob quaisquer condições. Não é possível a uma civilização "dar saltos" na escala, assim como um povo que ainda não tenha desenvolvido escrita só pode "estar atrasado", ou mesmo ser refém da "preguiça natural" do humano. Em suma, não existe desenvolvimento histórico, mas apenas natural, do humano. Aquilo que as sociedades são, enquanto resultado da atividade humana, deve-se, em primeiro lugar, às propriedades naturais do humano, estejam estas em suas formas "primitivas" ou tenham ascendido ao estágio "esclarecido", e não às circunstâncias sócio-históricas que constituem todas as sociedades. Portanto, não é que a história, enquanto domínio cognitivo, esteja subjugada à natureza. Não: a história, enquanto domínio cognitivo próprio, simplesmente não existe. A mentalidade iluminista se refere à história, mas não está ela mesma em uma perspectiva histórica.

Isso se mostra tão mais verdadeiro se, acompanhando a posição collingwoodiana (1987, p. 107) acerca da debilidade geral da historiografia feita naquele período, observarmos uma inconsistência interna a essa mesma historiografia. Pois, se o passado tradicional é somente "erro e impostura" (irracionalidade pura), e o aparecimento da era científica é a redenção da razão (racionalidade pura), como tal acontecimento pôde ocorrer? O alvorecer da era moderna, para um leitor contemporâneo desses autores, só pode merecer a incômoda denominação de milagre, afinal, como pode da irracionalidade pura advir a racionalidade pura? Daí a afirmação de Collingwood (1987, p. 108) de que a história nesse período jamais saiu "do nível da propaganda". A assombrosa constatação da falta, no pensamento histórico iluminista, da percepção de que o passado tem de ter feito parte da criação do presente. Tal não é outra coisa que a ideia mesma de desenvolvimento histórico, a ideia de que o presente é resultado do desenvolvimento de algo que efetivamente tomou forma no passado, o que não quer dizer que não existam rupturas no desenvolvimento das sociedades ou que tudo o que há hoje se apresenta somente enquanto uma constituição derivativa do passado (como, por exemplo, Löwith afirma ser a modernidade com relação à Idade Média), sem contribuição essencial a este. O que não existe é ruptura absoluta com o passado, nos termos de uma novidade total e extrema. Se isso hoje nos parece óbvio, não o era para os iluministas – ou, pelo menos, a historiografia destes nos permite aventar essa suposição –, nesse sentido, tal ideia de desenvolvimento histórico ausente no iluminismo deve apresentar seu certificado de origem em outro lugar da consciência europeia, qual seja, no movimento romântico.

Dessa maneira, devemos ao Romantismo, especialmente em sua feição alemã, as bases sobre as quais certa ideia de desenvolvimento histórico pôde ser alcançada. Johann Gottfried von Herder vai despontar aqui como principal figura desse controvertido movimento, ainda que apenas para efeito dos objetivos que almejamos nos limites deste trabalho, pois, mesmo sendo de notória importância a obra de Herder para a constituição do movimento romântico, este é não menos decisivamente complexo e amplo para ser reduzido a apenas uma personagem. Entretanto, antes de analisar brevemente o pensamento histórico de Herder, indicaremos duas ideias que perpassam algo que pode ser considerado como a contribuição essencial do Romantismo para o desenvolvimento do pensamento acerca da história no Ocidente.

A primeira dessas ideias seria a valorização do passado enquanto tal, enquanto uma etapa do desenvolvimento do espírito humano genuíno e válido em si mesmo.[12] O quanto tal concepção se afasta do conteúdo

---

12. Ao se referir a essa característica presente no pensamento histórico do Romantismo alemão, Collingwood não deixa de argumentar que a fonte dessa concepção estaria na obra do pai francês do Romantismo, Jean-Jacques Rousseau. O mito rousseauniano do "bom selvagem" é, de resto, bastante conhecido, mas as consequências que ele implica aqui, se não deixam de ser políticas, aproximam-se mais da ideia de certa pedagogia – como se sabe, Rousseau também desenvolveu teorias acerca da educação, mais notadamente em sua obra semificcional *Emílio ou Da Educação*. A ideia aqui é que assim como as crianças, ainda que com pouca idade, já possuem uma vida própria com concepções próprias, o dever do professor seria não o de julgar ou tolher tais concepções, mas o de respeitá-las e ajudá-las em seu desenvolvimento, da maneira mais adequada a elas mesmas – não esquecendo que Rousseau era um proponente da *bondade natural* do homem contra os vícios da vida urbana e civilizada. Portanto, é essa concepção acerca da

historiográfico iluminista é algo que se mostra por si. A segunda seria a constituição da história enquanto processo histórico, ou seja, a concepção de que a história se dá enquanto um processo, o que equivaleria a dizer que não existe criação a partir do nada, mas que aquilo que ocorre historicamente se apresenta como um desenvolvimento contínuo. Dessa maneira, nos termos da concepção romântica, a história se mostra enquanto um processo de desenvolvimento da razão humana, cujo emblema maior é a passagem da selvageria à civilização. No entanto, é importante frisar, essa passagem não se mostra como uma separação abrupta e abismal, como na concepção iluminista, mas como uma sucessão paulatina e gradual em que cada etapa civilizacional toma parte na constituição do todo. Nesse ponto, é possível fazer referência a um conceito de importância capital para o movimento romântico, que é justamente o conceito de formação (*Bildung*).[13] Esse é um termo que traz consigo um campo semântico bastante extenso, pois, ainda que possa ser considerado um equivalente à "educação" ou "cultivação", aparece mais frequentemente ligado a uma ideia de constituição. Assim, é possível a referência à formação (constituição) da personalidade em um indivíduo, em termos histórico-culturais, como formação de um povo ou de uma nação. Em um sentido biológico, no caso, como formação de um ser biologicamente organizado.[14]

---

educação, segundo Collingwood, uma das doutrinas rousseaunianas que mais influenciaria o olhar dos românticos não só com vistas à relação humano-natureza (o humano natural estando mais próximo da moralidade do que o humano civilizado, porque menos corrompido pela vida nas nascentes sociedades urbanas), mas também com vistas à história: "Esta concepção, aplicada à história, significa que o historiador nunca deve fazer aquilo que os historiadores iluministas faziam sempre, isto é, olhar com desprezo e aversão para o passado, mas deve olhar para ele com simpatia e encontrar nele a expressão de realizações humanas genuínas e válidas" (Collingwood, 1987, p. 118).

13. Segundo Brauer, o termo *Bildung* aparece nos círculos alemães a partir de Leibniz, mas o acontecimento central para a instauração do termo parece ter sido a tradução para o alemão da obra *Formation of a genteel character* de Shaftesbury, em 1738, autor este que parece ter tido uma enorme influência sobre o movimento romântico alemão, mas especialmente sobre Herder (Brauer, 1993, p. 89, nota 3; Berlin, 1982, p. 135).

14. "Igualmente à castelhana 'formação', o termo [*Bildung*] tem um sentido mais amplo que o de 'educação', que é um processo que passa pela consciência. *Bildung*

A história vai ser percebida como o cenário de formação (*Bildung*) do espírito humano em termos civilizacionais. Isso significa que, de objeto irracional e desvalorizado, a história passa a ser um empreendimento carregado de sentido, pois, agora, o que era antes visto como puro erro se transmuta em passagem necessária para aquilo com o que nos reconhecemos. O passado não é mais algo apartado de nós, distante, ele agora faz parte daquilo a que nos referimos como nosso, uma vez que isso nada mais é que o desenvolvimento necessário do passado.

No entanto, como que a atestar a ambiguidade própria do termo, essa formação do espírito humano será tratada muitas vezes pelos pensadores românticos (e, dentre estes, de maneira especial por Herder) como análoga ao desenvolvimento de um indivíduo, e, dessa forma, o uso de metáforas orgânicas para a descrição das sociedades. Nesse sentido, os estágios mais antigos da civilização, observados como mais impulsivos e violentos, serão muitas vezes referidos como a infância da civilização, e os mais recentes percebidos como mais racionais, ainda que menos vitais, como sua maturidade.[15]

---

se refere ao caráter e conserva a ambiguidade com a que joga Herder (e, mais tarde, Hegel) de poder descrever também um fenômeno natural (em expressões como 'formação de... uma planta, de uma rocha, de um órgão, etc.')" (Brauer, 1993, p. 89). A atestar a importância do termo, não à toa o título do primeiro trabalho de Herder em filosofia da história se chama justamente *Também uma filosofia da história para a formação da humanidade* (*Auch eine Geschichte zur Bildung der Menschheit*), de 1774.

15. A analogia entre o desenvolvimento de um indivíduo e de uma civilização se apresenta aqui de modo claro e isso parece ser um lugar-comum do movimento romântico, assim como um tema recorrente na obra de Herder. Como comenta Brauer (1993, p. 88) a respeito do trabalho de juventude de Herder, *Também uma filosofia da história para a formação da humanidade*: "A reconstrução da história que Herder leva a cabo neste texto tem como fio condutor um paralelismo entre as fases do desenvolvimento biológico do indivíduos e as etapas do processo civilizatório". No entanto, conclui em seguida: "Esta analogia não é nova, já havia sido utilizada por autores clássicos e contemporâneos". Sobre esse mesmo tópico, afirma Berlin (1982, p. 136), acentuando certo caráter reacionário a essa posição: "No que diz respeito à noção da sociedade como um organismo, que Burke e Herder exploraram tão extensamente, já era, certamente, muito antiga naquela época. O uso de metáforas orgânicas é tão velho, no mínimo, quanto Aristóteles [...]. Efetivamente, nada existia de novidade nesta noção, muito pelo

Há que se sopesar uma das características definitivas desse esboço de concepção romântica da história, qual seja, a da necessidade inerente a esse processo de formação do espírito humano que foi então denominado de história. Com efeito, a crença subterrânea fundamental da atitude do pensamento romântico, de valorizar em si mesmas épocas anteriores à sua, é a de observar a história enquanto um processo necessário. Como Collingwood (1987, p. 119, grifos nossos) aponta a questão:

> Segundo esta concepção, [a educação da humanidade] os estágios passados, a história conduziram necessariamente ao presente; uma dada forma de civilização só pode existir quando o tempo está apto a recebê-la e tem o seu valor precisamente porque são aquelas as condições de sua existência. [...] Assim, os românticos concebiam o valor dum estágio histórico passado, como a Idade Média, de modo duplo: em parte, como algo de valor permanente em si mesmo – como uma realização única do espírito humano – e, em parte, como ocupando o seu lugar no curso dum desenvolvimento que leva a coisas de valor ainda maior.

Ou seja, o passado não é percebido apenas nos seus próprios termos. Simultaneamente a isto, ele é visto como meio para uma finalidade, qual seja, a constituição do presente. Desse modo, os eventos ou as épocas passadas são tomadas em uma dupla valoração. Não apenas como eventos que portam seus próprios valores, genuínos por si mesmos, mas também como meio para realizações humanas de ainda maior valor: o presente, claro está. Com toda certeza, ninguém discordaria de que o presente é resultado de ações e eventos ocorridos no passado, e nesse sentido é óbvio que aquilo que houve teve de ocorrer para que o presente viesse a existir. No entanto, isso é apenas a superfície da questão, pois é algo bastante diferente a afirmação de que aquilo que aconteceu, tenha ocorrido por necessidade inerente ao evento, de maneira teleológica, ou, antes, aconteceu de maneira contingente.[16]

---

contrário, ela representa, quando muito, uma volta deliberada a pontos de vista mais antigos da vida social".
16. *Contingência* aqui é um conceito que deve ser usado com cuidado. Se a história é uma narrativa verídica de ações humanas ocorridas no passado, então é óbvio que a contingência extrema, o acaso total a reinar sobre a história, mostrar-se-ia uma mistificação tão infrutífera e derrisória quanto a concepção de uma neces-

Por meio da escolha entre essas duas posições se apresenta a escolha pela existência ou não da filosofia da história, ao menos como esta se mostra na passagem do século XVIII ao XIX.

Ainda assim, fica muito claro o mérito do Romantismo alemão em inaugurar uma nova forma de encarar o passado, estabelecer certa ideia de desenvolvimento do gênero humano que podemos considerar como histórica e, dessa forma, abrir espaço para a constituição subsequente daquilo que nomeamos acima de consciência histórica (Collingwood, 1987, p. 121). No entanto, com vistas à constituição da base sobre a qual uma tal consciência poderia surgir, faltaria ainda um ponto a ser confrontado. No caso, o fruto típico do racionalismo exacerbado que é a concepção uniforme da natureza humana tal como mantida pelos iluministas. Esse ponto é importantíssimo, porque, como já foi afirmado, sem esse ataque a tal posição o estatuto da história enquanto domínio cognitivo autônomo e independente da concepção científica do mundo é impossível de ser instaurado. Entretanto, tal ataque foi desferido e a obra de Herder é, sem dúvida, sua primeira expressão.

A obra fundamental de filosofia da história de Herder chama-se *Idéias para uma filosofia da história da humanidade* (1959), publicada

---

sidade férrea a comandá-la. Aos seres humanos quando cometem suas ações, é razoável imputar racionalidade a estas, visto que a determinar tais ações deve haver algum tipo de esquema conceitual, crença, ou mesmo um simples senso de estratégia – deixar de incorrer nessa imputação de racionalidade provavelmente teria como resultado a impossibilidade de compreensão de qualquer ação humana em qualquer contexto. No entanto, se a imputação de racionalidade às ações humanas no passado termina por apontar não só seu significado, mas também permite assegurar certo nível de necessidade via imputação de finalidade – as ações humanas não são arbitrárias, via de regra elas perseguem um fim – as consequências de tais ações se mostram indeterminadas. Ou seja, ainda que tenha controle sobre suas ações, o agente parece ter muito pouco (se algum) controle acerca das consequências destas, situação da qual a história é pródiga em exemplos – para ficarmos em apenas um: Max Weber em sua obra *A ética protestante...* mostra, de maneira bastante interessante, que Lutero jamais pensou sua Reforma como o cisma eclesiástico que ela veio a ser. Daí, falar-se tanto em "ironia da história", e o próprio Weber cunhar a significativa expressão "paradoxo das consequências". Portanto, o termo contingência, neste trabalho, terá como que um efeito terapêutico a nos lembrar das armadilhas da necessidade, pois, o cerne da questão é tentar compreender, ao fim e ao cabo, como a história pode ser simultaneamente um empreendimento pleno de sentido e isento de finalidade.

em quatro volumes entre 1784 e 1791 (Collingwood, 1987, p. 121). Nesse tratado monumental e multifacetado, Herder se lança em uma exploração *empírica*, não só histórica como também etnográfica, de uma hipótese metafísica, a saber, a história humana sendo compreendida como história natural (Brauer, 1993, p. 92). Bem, até aqui pareceria que o romântico e, principalmente, contrailuminista Herder não está assim tão distante do iluminismo de um Voltaire, dada a reiterada argumentação que aponta a redução da história à natureza como consequência do pensamento deste último. No entanto, diferentemente do modo como o racionalismo científico-matematizante dos iluministas encara tal objeto, para Herder a referência à natureza significa algo mais do que se referir apenas aos objetos materiais que suportam nossa experiência.

Em Herder, a natureza é encarada por uma perspectiva teológica, o que significa que esta é vista, primordialmente, como objeto da criação divina.[17] Nesse sentido, não apenas a natureza terrestre, mas todo o Universo é expressão de tal criação e, assim sendo, está dotado de uma finalidade. Se essa finalidade é clara, o desenvolvimento de organismos em níveis cada vez mais superiores[18], o modo como tal ocorre, ou teria de ocorrer, permanece obscuro. A Terra, e tudo o que nela existe, seres biológicos, mas também a natureza geográfica e climática, é vista como sendo uma matriz ou conjunto de forças (*Kräfte*)[19] que, em constante interação, terminam por criar não só o meio natural em que vivemos, como também os seres biológicos: os vegetais, os animais e, por fim, o humano. Isto é, existe uma progressão interna ao desenvolvimento

---

17. "A concepção geral de Herder acerca da natureza é francamente teológica" (Collingwood, 1987, p. 122). Embora Berlin (1982, p. 134) não sublinhe muito esse traço do pensamento herderiano, preferindo ressaltar o modo positivo com o qual Herder via as ciências naturais.
18. Somente a título de esclarecimento, o termo "organismo" em Herder não se refere apenas aos seres vivos, mas a toda e qualquer criação divina que, constituída enquanto um complexo vital e dinâmico, está destinada a gerar outros organismos. Nesse sentido, a própria Terra enquanto planeta que foi capaz de engendrar vida pode ser considerada um "organismo" (Collingwood, 1987, p. 121).
19. "Em geral ele concebeu a natureza como uma unidade na qual o *Kräfte*, ou seja, as forças misteriosas, dinâmicas e determinadas a encontrar um objetivo, cuja interação constitui todo o movimento e crescimento, fluem uma dentro da outra, se chocam, combinam e coalescem" (Berlin, 1992, p. 158-9).

dessas formas de vida em que cada uma delas é vista como um aperfeiçoamento da última. Dessa maneira, o aperfeiçoamento da planta leva ao animal e o aperfeiçoamento deste culmina no humano, ser racional e moral. É importante lembrar que, para Herder, nenhuma dessas formas de vida é um fim em si mesmo, afinal, são todas meio para uma progressão posterior, exceto o humano, que "na sua vida racional e moral justifica a sua própria existência" (Collingwood, 1987, p. 122). Ou seja, havendo na natureza uma escala progressiva de desenvolvimento de organismos e sendo ela mesma fruto da criação divina, esta não pode gerar um organismo supranatural, ou seja, divino. Por conta disso, o ápice da criação seria o humano que, enquanto ser moral e racional, pode desenvolver-se em um ser espiritual sem, contudo, deixar de pertencer ao mundo natural. O homem seria, assim, um "elo entre dois mundos" (Collingwood, 1987, p. 122), o mundo natural de que faz parte e o mundo espiritual que pode vir a ser realizado por ele.

Cabe adiantar aqui que, como é consensual entre seus diversos intérpretes[20], Herder de maneira alguma apresenta suas ideias de maneira

---

20. "O livro de Herder contém uma surpreendente quantidade de pensamentos produtivos e valiosos. É uma das obras mais ricas e mais estimulantes, no seu gênero. Todavia, o desenvolvimento do pensamento é nele frequentemente frouxo e apressado. Herder não era um pensador cauteloso; chegava às conclusões por meio de métodos analógicos sem os submeter a provas e não procedia à crítica das suas idéias" (Collingwood, 1987, p. 123). "A notória exuberância e informidade de suas idéias decorreu, no mínimo, tanto do seu sentido da complexidade dos fatos, quanto de sua mente naturalmente entusiástica e confusa. Como escritor, foi exuberante e desordenado, mas não obscuro ou vago" (Berlin, 1982, p. 142). "O discurso de Herder é pouco argumentativo e se encontra mais próximo à literatura do que de uma exposição científica. Em sua monumental reconstrução da epopeia humana se mesclam dados históricos com intuições geniais e audazes extrapolações baseadas em analogias. Os fatos se ordenam a serviço de uma hipótese metafísica" (Brauer, 1993, p. 95). De fato, o que se mostra nessas observações feitas por diferentes autores é o quanto cada um deles tende a valorizar o pensamento de Herder a despeito da forma como ele é apresentado. Collingwood e Brauer tendem a observar o estilo de Herder como um problema e se ressentem pelo fato de um pensamento tão fulgurante ser figurado de uma maneira tão assistemática – o que acaba por resultar em profundas contradições e paradoxos insolúveis. Já Berlin, por sua vez, em um estudo decididamente magistral, justamente por estar interessado em rastrear a paternidade, em Herder, de ideias que vêm se alastrando e se modificando por todo o pensamento ocidental

sistemática como o fazem filósofos da estirpe de Kant ou Hegel. Ainda que seja louvado por suas diversas intuições cintilantes e imaginação sem par em seu tempo, o que permite apontar nele a paternidade de algumas das ideias que praticamente definem o século XIX, e mesmo o século XX[21], Herder mantém a sua obra eivada por paradoxos e contradições. Tendo isso em vista, voltemos ao que nos interessa aqui, a saber, o modo como Herder encara a história e como essa sua atitude contribuiu para a constituição de uma perspectiva histórica acerca das coisas humanas.

A consciência histórica, já apontada por nós, requer o distanciamento e a instauração de uma distinção firme entre duas posições frente à experiência humana. De uma perspectiva que constituímos até aqui como iluminista (mas que talvez possa ser mais bem especificada como sendo naturalista), o ser humano detém uma faculdade específica, a razão, que pode ser descrita enquanto o modo como a mente humana processa conteúdos advindos de um meio exterior[22], e que deve ser encarada como sendo a mesma ou ter o mesmo procedimento, ou, antes, ser impermeável a constrangimentos de ordem empírica. Nos termos aos quais a nossa discussão aqui se refere, a saber, experiência sócio-histórica humana, isso significa que diferentes seres humanos

---

a partir do início do século XIX, não se mostra apreensivo com esse aspecto do pensamento herderiano. Ao contrário, Berlin vai, ao longo de todo o seu texto, sublinhar as atitudes e pensamentos de Herder que o afastem disso que o próprio Berlin considera um estereótipo e uma leitura simplificada da obra herderiana.
21. Devemos, sobretudo, ao estudo de Isaiah Berlin esse trabalho genealógico que nos permite hoje apreciar melhor a obra de Herder. Berlin (1982, p. 139-40) identifica na obra herderiana três ideias centrais que perpassam o pensamento ocidental desde então. São elas: o *populismo*, que significa "a crença na importância de se pertencer a um grupo ou a uma cultura" – lembrando que, no entender de Berlin, o populismo de Herder é intimamente "antipolítico", e mesmo oposto ao nacionalismo; o *expressionismo*, que se mostra como a doutrina em que a atividade humana em geral, mas principalmente a *arte*, só é inteligível na medida em que expressa a personalidade do indivíduo ou da cultura; e o *pluralismo* cultural ou, antes, a ideia da incomensurabilidade das diferentes culturas.
22. Não nos interessa aqui fazer qualquer referência ao debate "racionalismo versus empirismo" – se os conteúdos mentais são ou não autônomos com relação à experiência sensível, e, se são, até que ponto – mas apenas tentar uma definição possível do que seja o uso da razão.

provenientes de diferentes sociedades ou diferentes períodos históricos, no uso de tal faculdade, seguem um mesmo padrão ou portam uma mesma estrutura. Se isso não se verifica, a causa principal de tal variância é sempre um constrangimento de ordem empírica, exemplo clássico: ordenamento mítico ou religioso da realidade, que, impedindo a observação daquele uso padrão ou daquela estrutura, contudo, não a macula. Uma vez retirados tais constrangimentos, isso se mostrando não menos do que o "despertar para a razão" tão a gosto dos iluministas, a faculdade da razão se mostrará em todo o seu brilho. Isso assim é porque tal faculdade detém um suporte natural, presente em todos os seres humanos: a natureza humana em sua concepção uniforme.

Por outro lado, da perspectiva herderiana (que, ainda que possa ser denominada de romântica, talvez seja mais bem caracterizada como sendo historicista), se não deixa de ser verdade que efetivamente exista tal coisa como a natureza humana, e que de fato o ser humano possui a faculdade da razão, a questão é que esta não é de forma alguma impermeável à própria existência sócio-histórica do humano. Ao contrário, é justamente essa existência sócio-histórica que define tal faculdade[23], não apenas pelo fato de que todo ser humano nasce em meio a um grupo ou comunidade e, dessa maneira, desenvolve-se em meio a diferentes costumes e tradições, isto é, diferentes culturas, mas, principalmente, porque a linguagem[24] que todo o ser humano necessita aprender para

---

23. Num excelente artigo sobre Herder, escrito para o site *Stanford Encyclopedia of Philosophy*, o filósofo da universidade de Chicago, Michael Foster (2001, seção 7, grifo nosso), aponta essa faceta do pensamento de Herder da seguinte maneira: "A filosofia da história de Herder aparece principalmente em dois trabalhos, *Também uma filosofia da história para a formação da humanidade* e o tardio *Ideias para uma filosofia da história da humanidade*. Sua conquista fundamental nessa área repousa em seu desenvolvimento da tese mencionada anteriormente – contradizendo filósofos historiadores do Iluminismo tais como Hume e Voltaire – de que existem diferenças mentais radicais entre períodos históricos, de que os conceitos, as crenças, as sensações etc. das pessoas diferem de maneiras importantes de um período a outro. Essa tese já é predominante em *Sobre a mudança de gosto* (1766). Ela teve uma enorme influência em sucessores tais como Hegel e Nietzsche.
24. "Os grupos humanos, grandes e pequenos, são produto do clima, da geografia, das necessidades físicas e biológicas, e outros fatores singulares; eles estão formados unitariamente pelas tradições e memórias comuns, das quais o principal elo e veículo – aliás, mais do que veículo, a verdadeira encarnação – é a linguagem.

que utilize plenamente a faculdade da razão pertence à comunidade de que ele faz parte, e não a ele individualmente. Nesse sentido, o fato de que se possa verificar empiricamente, diante de diferentes sociedades ou diferentes períodos históricos, seres humanos fazendo um uso da razão que pareça alienígena (para não dizer "irracional"), isso para Herder não se mostra enquanto problema, pois, de fato, a faculdade da razão só existe enquanto configurada por tais condicionamentos sócio-históricos.[25]

Se àquela época havia algo mais radicalmente contrário à concepção iluminista do que seja o humano ou, ao menos, do que seja a experiência sócio-histórica humana, isso foi devidamente suplantado por Herder. Doravante, não será mais possível tratar a história nos termos de uma amostragem de quantos períodos históricos passados se encaixam ou não em um determinado padrão dado pelo estabelecimento de uma faculdade que se mostra imutável, ou, antes, por meio de um juízo promovido por uma mentalidade circunscrita sócio-historicamente que considera a existência de tal faculdade como imutável. Ao contrário, tal faculdade é que, a partir de agora, não pode mais ser vista como se efetivando fora de uma configuração sócio-histórica dada, pois o ser que porta tal faculdade só existe enquanto parte de tal configuração e é um ser histórico, o que significa tratá-lo também enquanto um ser social e, mais importante, cultural.

A partir disso, se a ideia mesma de um desenvolvimento histórico do humano, a chamada "formação do gênero humano", em sua denominação romântica, impede a manutenção da ideia deste enquanto um ser determinado apenas por suas propriedades naturais e imutáveis, logo está aberta a possibilidade não só para a instauração de uma perspectiva histórica, como também para uma de suas consequências diretas: a

---

[...] Nela reside a totalidade do seu mundo, constituído pela tradição, a história e princípios de vida; toda a sua alma e coração. Isso assim é porque, visto que pensar é usar símbolos, *os homens pensam necessariamente utilizando palavras e outros símbolos*, e suas atitudes diante da vida [...] se incorporam em formas simbólicas: cultos religiosos, poesia, ritual" (Berlin, 1982, p. 149, grifo nosso).
25. "As *faculdades sensitivas e imaginativas* das diferentes raças são assim verdadeiramente *diferentes*. Cada raça possui uma concepção de felicidade e um ideal e vida próprios" (Collingwood, 1987, p. 122, grifos nossos).

incomensurabilidade valorativa de tais configurações sócio-históricas.²⁶ Isto é, a recusa da suposição, baseada na concepção substancialista de uma natureza humana uniforme, de que haja algo como um padrão ou escala de desenvolvimento dos povos e sociedades dado de antemão, posto que este seria o mais "racional" existente. Tal recusa se mostra evidente na seguinte frase de Herder: "cada nação tem seu próprio centro interno de felicidade, como cada esfera seu próprio centro de gravidade" (Herder, 1959, p. 509 apud Berlin, 2002, p. 166). A partir disso, não apenas a noção de que todos os povos anseiam "naturalmente" os mesmos ideais de vida está descartada, como também se afirma a ideia de que o desenvolvimento das diferentes sociedades se dá de maneira interna a essas sociedades, ou seja, segundo seus próprios valores e práticas. Não existe uma escala única no que diz respeito a diferentes civilizações e tempos históricos. Da maneira como Berlin (2002, p. 140, grifos nossos) explora a questão:

> O pluralismo [de Herder], isto é, a crença, não apenas na simples multiplicidade, mas também na *incomensurabilidade dos valores das diferentes culturas e sociedades* e, além disso, na *incompatibilidade dos ideais igualmente válidos*, junto com a implicada conseqüência revolucionária de que *as noções clássicas de um homem e uma sociedade ideal são intrinsecamente incoerentes e sem significado*.

Ou seja, tais noções de um homem e uma sociedade ideais deixam de fazer sentido justamente na medida em que se deixa de encarar o ser humano enquanto um ser determinado por uma propriedade supostamente imutável porque independente dos constrangimentos inerentes à própria constituição desse ser. A partir do momento em que o humano e suas faculdades são percebidos como resultado das

---

26. "O historiador da humanidade deve ser tão imparcial e possuir um juízo tão desapaixonado quanto o mesmo Criador de nossa espécie. Para o naturalista que pretende chegar a um conhecimento exaustivo de todas as classes e famílias do reino animal ou vegetal, a rosa é tão querida quanto o cardo; o gambá e o bicho-preguiça tanto quanto o elefante" (Herder, 1959, p. 392-323). O que nos permite apontar em Herder, se não o pai, ao menos o avô da antropologia cultural, como também reconhece Berlin (1982, p. 153), ao salientar o "grande impulso que ele deu ao estudo da linguística, antropologia e etnologia comparadas".

configurações sócio-históricas às quais pertencem, toda a infindável variedade da cultura humana se vê livre do domínio de uma escala à qual sua razão de ser, o ideal de um homem perfeitamente racional, de uma sociedade perfeitamente racional, jamais tomou forma, jamais existiu, a não ser na mentalidade de uma época.

É nesse sentido, portanto, que podemos hoje, retrospectivamente, louvar em Herder o estabelecimento do humano enquanto um ser que, sendo racional, é também, ou, antes, por isso mesmo, condicionado de maneira sócio-histórica. Ao mesmo tempo em que reconhecer a importância de todas as consequências que advêm disso não só para a constituição da consciência histórica, mas também para o aparecimento das diversas ciências humanas que floresceram ao longo do século XX. No entanto, não se pode perder de vista o fato de que Herder ainda é um homem do século XVIII, e aqui cabe, então, balizar as diferenças também determinantes que impediram, em sua obra, uma clara e demarcável distinção entre história e natureza.

Já se observou que em Herder a natureza é vista a partir de uma perspectiva teológica: a natureza é, antes de tudo, um complexo de forças vitais cuja função é gerar organismos, uma matriz gerativa, por assim dizer. Nesse sentido, o ser humano é encarado como um objeto da criação divina tanto quanto qualquer outro ser, ainda que um ser bastante específico, pois, como já se afirmou, esse é um fim em si mesmo. Assim sendo, o humano é gerado pela natureza, e é a partir dessa posição, e das ambiguidades que ela carrega dentro de si, que se pode observar uma contradição simplesmente determinante na obra herderiana. Segundo Herder, o humano enquanto ser criado se apresenta repartido nas várias raças que povoam as mais diversas regiões do globo terrestre. Esse é um ponto extremamente delicado, porque faz parte das concepções de Herder a noção de que o humano, enquanto ser histórico e, dessa maneira, também suas múltiplas civilizações, desenvolve-se por meio de uma profunda interação com o meio climático e geográfico que o circunda. Nas palavras do próprio Herder (1959, p. 391):

> Qual é a lei fundamental que podemos observar em todos os fenômenos importantes da história? A meu ver é que em todas partes da Terra se

desenvolve o que nela pode se desenvolver, seja de acordo com a situação geográfica do lugar e suas necessidades, seja segundo as circunstâncias e ocasiões da época, seja de acordo com o caráter inato ou adquirido de seus povos. Introduzam-se forças vivas humanas em determinada relação de tempo e lugar na terra, e se observarão todo tipo de efeitos na história do gênero humano. [...] Forças humanas, vivas, são o motor da história humana. Posto que o homem nasce de uma raça e, dentro dela, sua cultura, educação e mentalidade têm caráter genético.

Assim, a questão está posta: Herder encara o humano como um ser racialmente diferenciado, gerado pela natureza e moldado pelo meio natural (geográfico e climático) em que este se insere. No entanto, uma vez que essas raças estejam definidas, elas se apresentam enquanto tipos, modelos específicos de humanidade com particularidades inatas e características próprias e originais,[27] agora não mais dependentes do meio em que foram criados.[28] Isto é, a partir do momento em que as raças estejam plenamente constituídas, elas se tornam autônomas com relação ao meio em que foram criadas. Contudo, ainda que esses tipos humanos – tais como o europeu, o asiático, o africano, etc... – se mostrem, após sua formação, como independentes do meio natural em que foram gerados, a citação acima estabelece claramente: elementos como a cultura, a educação e a mentalidade de cada grupo ou comunidade dependem diretamente de sua constituição rácica. Ou seja, já se pode perceber aqui a ambiguidade reinante na maneira como Herder erige essa sua relação homem-meio natural, pois, ainda que os diferentes tipos em que o humano enquanto gênero se diferencia se mostrem enquanto uma constituição autônoma, aquilo que em cada um desses tipos se apresenta enquanto diferente, suas características adquiridas ou inatas, só pode vir a ocorrer em um determinado contexto natural. Ainda que possamos imaginar que Herder tenha tentado se livrar da ideia de um determinismo geográfico-climático a macular suas concepções acerca da extrema variedade das civilizações existentes, pela reiteração de que

---

27. Não apenas físicas, mas também psicológicas, como bem indica o termo mentalidade.
28. "Tal como uma planta formada num dado meio permanece a mesma, quando transplantada para outro" (Collingwood, 1987, p. 122).

as sociedades, uma vez formadas, são independentes do meio que as gerou, o fato é que o pecado aqui se mostra original: a origem natural das diferentes sociedades as marca de maneira profunda e estrutural, por definir as faculdades sensitiva e imaginativa dos indivíduos, sua mentalidade, enfim.

O desenvolvimento de diferentes sociedades e civilizações não é explicado pelas condicionantes históricas de cada uma dessas sociedades, mas por um motivo, mais uma vez, natural: o componente étnico-racial de cada povo. Componente esse que se apresenta enquanto uma mistura de atividade humana livre, dado que, por exemplo, dois povos diferentes não exploram os recursos naturais da mesma maneira. Portanto, o que faz a civilização chinesa é a particularidade do caráter chinês, pois outro povo naquele contexto natural muito provavelmente teria outro desenvolvimento (Collingwood, 1987, p. 123), com determinismo geográfico-climático, uma vez que suas características físicas e psicológicas foram moldadas pelo meio natural. Se, como foi apontado acima, a obra herderiana efetivamente cai em contradições insolúveis, esta bem pode ser considerada uma delas.[29]

Desse modo, mantém-se o problema da redução da história à natureza, pois se é tentado a explicar aquilo que é resultado de condicionantes históricos por meio de um mecanismo natural, no caso, a constituição étnica dos diferentes povos humanos. Entretanto, é necessário pontuar que a maneira como em Herder se efetiva essa redução da história à natureza seja de fato diferente do modo como se pode observar tal redução em um pensador iluminista como, por exemplo, Voltaire. Pois como afirmamos acima, a ideia de natureza presente na obra herderiana se apresenta como que animada a partir de uma perspectiva teológica (o que, à primeira vista, parece torná-la incompatível com a imagem científica do mundo própria dos iluministas). Assim sendo, volta-se

---

[29]. "Existe, também, outra contradição entre seu determinismo naturalístico que, às vezes, é muito forte, e a noção de que um homem pode e deve resistir aos impulsos e forças naturais" (Berlin, 1982, p. 187). "Por outro lado, há em Herder o que poderíamos chamar de determinismo étnico, que pode chegar a ser interpretado como uma forma de racismo ou de nacionalismo exacerbado (assim, a idealização do germânico) que torna difícil reconciliar com a tese da equivalência das culturas" (Brauer *in* Reyes, 1993, p. 94).

necessariamente à observação da ambiguidade central do modo como Herder utiliza o conceito de natureza humana. Pois, por um lado, de fato tal conceito agora está liberto de qualquer traço do substancialismo tão característico do modo de pensar iluminista. Entretanto, por outro lado, esse conceito ainda se mostra determinante com relação ao modo como Herder entende o desenvolvimento histórico dos diferentes povos e sociedades aos quais ele se refere em seu extraordinário tratado. A fixação herderiana com a busca por um caráter essencial de cada povo a ser encontrado, não na história que o atravessa, mas no modo (natural) em que ele foi gerado, parece efetivamente permitir a constatação de que, com sua obra, opera-se apenas a substituição de uma natureza humana imutável por várias "naturezas humanas imutáveis" inscritas em cada etnia.

O que leva à consideração de que as diversas particularidades das civilizações europeia ou chinesa não são explicadas por meio das especificidades históricas do processo de constituição de tais civilizações, mas, ao contrário, pelas características físicas e psicológicas herdadas e adquiridas por meio da interação de tais raças com suas devidas matrizes geográfico-climáticas. O que, por sua vez, significa que, em última instância, esses diferentes povos e sociedades estão como que predeterminados pela matriz geográfica, climática e, principalmente, étnica à qual pertencem. Assim, como Collingwood (1987, p. 124) aponta de maneira exemplar, a matriz racial de cada povo não se mostra como "um produto histórico, mas como um pressuposto da história".[30]

Como já afirmamos anteriormente, nossos esforços em empreender essa passagem por diversas filosofias da história de autores também di-

---

30. Nesse sentido, mostra-se auspiciosa a comparação dessa citação de Collingwood com esta de Berlin (1982, p. 175, grifos nossos): "Todavia, compreender os homens é compreendê-los geneticamente, em termos de sua *história*, ou seja, *daquele complexo de 'forças' físicas e espirituais* no qual eles se sentem livres e em casa". Ora, por mais que Berlin não esteja preocupado com os interesses majoritariamente epistêmicos que animam a obra de Collingwood, e mesmo esteja se referindo à história da mesma maneira metafórica tão própria de Herder, não deixa de parecer ingênua essa sua formulação. Pois não existe "história" de complexos físicos, mas apenas de *ações humanas*, e é justamente isso que permite a compreensão da distinção radical, e necessária, entre história e natureza.

versos tem como objetivo único a tentativa de delimitar formalmente o que seria esse tipo de reflexão sobre a história denominada de "filosófica". Nesse sentido, já estabelecemos ao menos uma distinção: que a filosofia da história enquanto um tipo de reflexão histórica se notabiliza pela constituição de um princípio (mais uma vez, metafísico, se assim se quiser chamá-lo) externo à própria história que, não obstante, rege-a e configura-a, dotando-a, portanto, de sentido – lembrando aqui a consequente constatação de que, se a história necessita de tal princípio para se tornar um empreendimento povoado de sentido, é porque esta não o porta em si mesma. Qual seria, portanto, o princípio a reger a "história da humanidade" no entender de Herder? Antes de tentar uma resposta, observemos o seguinte trecho de sua já citada obra:

> O Deus a quem eu hei de buscar na história deve ser o mesmo que se encontra na natureza, porque o homem não é nada mais que uma parte do todo e sua história está intimamente entrelaçada com a história do mundo inteiro como o bicho-da-seda com o casulo. Também na história tem que valer as leis naturais que correspondem à essência das coisas e que Deus não quer passar por cima, muito menos em relação ao que ele próprio criou [...]. Tudo o que pode acontecer na Terra é necessário [...]; todas elas [as normas que governam o mundo] têm impressas o selo de uma sábia benevolência, sublime beleza e necessidade intrínseca.[31]

Ao que parece, nosso estimado Herder não hesita em pôr a providência divina[32] como princípio a reger a história humana, que é, ao mesmo tempo, parte da "história" do mundo. A questão aqui se refere a mais uma das ambiguidades observadas na obra herderiana, qual seja, a de que, apesar de instaurar definitivamente a tese da equivalência ou incomensurabilidade das mais diferentes culturas e períodos históricos,

---

31. Talvez ajude no esclarecimento da passagem citada o título do capítulo no qual a mesma está inserida: "Posto que uma sábia benevolência dirige o destino dos homens, não há dignidade maior nem alegria mais duradoura e pura do que a de cooperar com ela" (Herder, 1959, p. 515).
32. "Se nosso observador sentimental da história perdeu a fé em Deus e começou a duvidar da Providência, tal desgraça lhe sucedeu unicamente porque considerou a história superficialmente ou porque não tinha um conceituo adequado da Providência" (Herder, 1959, p. 515).

existe também, a animar o seu majestático painel da trajetória da humanidade, certa ideia de avanço (*Fortgang*) histórico da mesma, que terminaria por culminar no Ocidente cristão. No entanto, o quanto Herder trabalha essa ideia de avanço da humanidade em termos mais ou menos próximos, ou mesmo equivalentes, da ideia de progresso dos iluministas é matéria de intenso debate.[33] De nossa parte, parece legítimo retornar aqui à ideia de formação (*Bildung*) característica do período romântico e por nós já referida. Pois o que se mostra aqui é que os períodos históricos passados, enquanto parte do processo de formação do espírito humano, retém uma dupla valoração: não só como válidos em si mesmos, mas também como passagem necessária para o presente, considerado então como um estágio civilizacional mais elevado. Afinal de contas, para relembrar o significado de formação como análogo ao desenvolvimento de um indivíduo, parece ser algo bastante diferente tomar parte em uma civilização no momento de sua infância comparado com o de sua maturidade. Ainda assim, a questão, se referida a contextos de culturas e civilizações não ocidentais parece de fato levar a um paradoxo conciliável (talvez) somente com o apoio da divina providência.

Tendo, portanto, instaurado o princípio de significação da história em Herder, passaremos agora a uma rápida análise da filosofia da história de Hegel tal como exposta em suas *Lições sobre Filosofia da História* (*Vorlesungen über Philosophie der Geschichte*) (Hegel, 1995) escritas em 1822-23 e publicadas postumamente em 1837 (Brauer, 1993,

---

33. "Novamente se torna difícil conciliar a visão de uma igual legitimidade das mais diferentes culturas com a noção de um progresso linear e irrefreável do Ocidente cristão" (Brauer, 1993, p. 94). "O verdadeiro *Fortgang* (avanço) é o desenvolvimento dos seres humanos como 'todos' integrados e, mais particularmente, seu desenvolvimento como grupos, tribos, culturas e comunidades determinadas pela linguagem e os costumes [...]. O que ele [Herder] chama *Fortgang* é o desenvolvimento interno de uma cultura, em seu próprio *habitat*, no sentido de seus próprios objetivos; mas, visto existirem no humano algumas qualidades universais, uma cultura pode estudar, compreender e admirar a outra, mesmo que não possa [historicamente] voltar a ela, o que seria uma loucura de sua parte, caso o intentasse" (Berlin, 1982, p. 170).

p. 110). Contudo, antes que nos adiantemos nessa passagem de nosso trabalho, convém fazer algumas observações.

De fato, aquilo que coordena nosso tratamento das diversas filosofias da história surgidas a partir da segunda metade do século XVIII e na passagem para o século XIX é justamente a perspectiva do deslocamento de certas instâncias presentes nessas reflexões para um estágio de reflexão histórica posterior: no caso, a ocorrência do alvorecer da "história científica", e os diversos problemas epistemológicos que advêm desse surgimento, no contexto da Alemanha da segunda metade do século XIX. Reflexão que será, por seu turno, retomada (já no início do século XX) pela instauração feita pelo sociólogo Max Weber da constituição de uma "ciência sócio-histórica", outra denominação para sua sociologia compreensiva.

Ocorre, no entanto, que o surgimento do debate acerca da constituição de uma "história científica" ou, antes, pela constituição (ou recusa) de fundamentos epistemológicos para a instauração de uma ciência histórica – que envolveu nomes (e posições teóricas) tão diversos quanto os historiadores Jacob Burckhardt e Eduard Meyer, e os filósofos Wilhelm Windelband e Heinrich Rickert – e que está no horizonte de críticas de Weber concernentes às possibilidades do conhecimento histórico, se dá num contexto de ampla e radical *recusa* não só da filosofia idealista de Hegel como um todo, mas, principalmente, de sua filosofia da história.[34]

---

34. "A consciência do século XIX, de maneira geral, alcançou sua emancipação do Idealismo em nome da ciência da história. Para que isso fosse possível, as palavras 'ciência' e 'história' tiveram de mudar seus significados, para que pudessem adquirir um sentido oposto àquele que tinham antes, por exemplo, em Hegel: a mudança pode ser expressa em forma de slogan ao dizer que agora era 'ciência em vez de um sistema filosófico' e 'ciência histórica em vez de história da filosofia'. O próprio Hegel já se deparou com tais, para ele, oposições absurdas, engajando-se em repetidas polêmicas contra elas. Para ele, a ciência poderia ser apenas sistemática, e o Idealismo Alemão não foi o primeiro a considerar ser filosófico como uma condição fundamental do caráter científico da ciência. Evidentemente, houve, mesmo durante o tempo de vida de Hegel, uma mudança de longo alcance no entendimento da ciência, que, por sua vez, primeiramente tornou possível a oposição à filosofia da história em nome de uma história 'real' cientificamente revelada. Não obstante, a rejeição explícita da concepção idealista da ciência, na Alemanha, veio historicamente mais tarde. Primeiro, foi a ciência da história (no sentido moderno) que liderou o conflito contra o idealismo alemão

Das causas dessa situação, dentre diversos motivos,[35] um se apresenta de maneira determinante: a alegação, mais ou menos compartilhada, de que a filosofia hegeliana não seria científica, ou, melhor dizendo, por seu próprio caráter de "metafísica especulativa", não permitiria o estabelecimento das desejadas condições de possibilidade para uma investigação verdadeiramente científica da história.

Não admira, por conseguinte, que a segunda metade do século XIX alemão, que vê a ascensão desse debate acerca dos limites e possibilidades do conhecimento histórico, seja também o contexto da notória "volta a Kant" na filosofia, com a instituição do movimento neokantiano do qual tanto Windelband quanto Rickert são signatários. E que, mais uma vez, estará nos horizontes de crítica de Max Weber. Nesse sentido, por considerar que a filosofia de Kant efetivamente está mais próxima do corpo de doutrinas que se mostrará como sendo o constituinte da concepção científica da história nos termos em que esta se apresenta na passagem do século XIX ao XX na Alemanha, e que será o assunto de nosso terceiro capítulo, iremos aqui inverter a ordem cronológica: apresentaremos, em seguida, em linhas gerais, aquilo que seria a filosofia da história de Hegel para, então, encerrar este capítulo com a filosofia da história de Kant.

É, portanto, mais uma vez, sob essa perspectiva do deslocamento de uma questão específica, de um contexto "filosófico" para outro, "científico", que viemos até aqui tentando traçar definições e distinções que, segundo nossa consideração, serviriam para aclarar o terreno sob o qual se ergue a tentativa weberiana de instaurar uma ciência da realidade sócio-histórica, o que quer que isso signifique. Até esse ponto, a definição crucial a qual perseguimos é, claro está, a do que seja filosofia da história nos moldes em que esta aparece no horizonte filosófico da passagem do século XVIII ao XIX. Já a distinção frequentemente exigida em nosso trabalho vem sendo aquela entre história e natureza enquanto

---

e, simultaneamente, ao fazê-lo, acarretou uma revisão implícita no conceito predominante de ciência: somente muito mais tarde ele foi incorporado pelos filósofos e teóricos da ciência" (Schnädelbach, 1984, p. 33).
35. A (má) reputação de Hegel como o filósofo "oficial" do Estado prussiano, erigida ainda em seu tempo de vida, não deve ser subestimada (Schnädelbach, 1984, p. 8).

domínios autônomos e excludentes, por considerar que, simplesmente, não pode haver compreensão histórica num registro em que haja a utilização de qualquer mecanismo natural com o intuito de explicar algo que seja de conteúdo histórico. É justamente nesse ponto em que o "renegado" Hegel se apresenta como um autor fundamental, não tanto por sua postulação da ideia de liberdade como fundamento da história, mas por ter sido, segundo alguns (Collingwood, 1987, p. 151), o primeiro autor a reconhecer a distinção radical entre história e natureza.

Hegel e a distinção entre história e natureza

Logo no início do capítulo III de sua "Introdução" às suas *Lições sobre Filosofia da História*, Hegel (1995, p. 53) afirma o seguinte:

> As transformações na natureza, apesar da diversidade infinita que oferecem, mostram apenas um ciclo que se repete. Na natureza, 'nada de novo sob o sol' é produzido, e o jogo polimórfico de suas estruturas acarreta certa monotonia. Apenas nas transformações que acontecem no campo espiritual surge o novo. Esse fenômeno do espiritual mostra, de maneira geral, no caso do homem, uma determinação diferente da dos objetos naturais, nos quais sempre se manifesta um caráter único e estável, [...] vale dizer, uma capacidade *real* de transformação.

Se for lícito esperar clareza de uma argumentação hegeliana, talvez esse seja um dos momentos de suas *Lições* em que Hegel seja mais claro. Hegel distingue com nitidez os domínios tanto da natureza, caracterizada enquanto um elemento aparentemente estático, quanto da história, representada nos termos de uma potência efetiva de transformação, não cometendo, assim, o erro característico das concepções históricas do século XVIII, que reduziam a última à primeira. Num certo sentido, e coerente com seu notório monismo sujeito-objeto, tanto a natureza como a história tomam parte no empreendimento da razão ou, antes, do espírito em sua movimentação rumo ao absoluto. A natureza pode ser considerada um "sistema da razão",[36] uma vez que esta se apresenta como um sistema regido por leis. No entanto, os processos sistêmicos da natureza seriam a-históricos justamente porque são cíclicos. Isto é – e de uma maneira que parece se reportar à concepção cosmológica grega, já citada na análise feita por Karl Löwith –, os processos da natureza para Hegel se mostram enquanto repetições, às quais, provavelmente, ele se referiria a partir de fenômenos naturais como o ciclo de estações do ano, etc.[37] Daí o seu caráter "não dinâmico" ou estático. A história, por sua vez, por ser o palco em que o espírito se consubstancia,[38] não se repete jamais, lembrando que, com relação à natureza, esta será historicizada pela interação do humano com a mesma. O desenrolar da história se dá por meio de espirais, não de ciclos, e cada evento histórico é um novo evento justamente por ser um evento atualizado, sendo que sua repetição é apenas aparente.

Não deixa de ser curioso, entretanto, o fato de que, ainda que Hegel tenha feito tal distinção verdadeiramente crucial para a instauração de uma perspectiva histórica, ele próprio não parece se importar muito com isso, dado que gasta menos de um parágrafo com tal assunto (Hegel, 1995, p. 53) e logo o abandona para tratar de outras questões. Todavia, sejamos claros aqui: não é que Hegel não se refira a tal distinção em outros momentos de seu texto,[39] mas é que, dada a inexistência desta

---

36. "Não temos aqui que considerar a natureza como ela é *em si, um sistema da razão*, realizado num elemento especial e singular, mas somente em relação ao espírito" (Hegel, 1995, p. 23, grifos nossos). O que se afirma aqui, provavelmente, é a posição – de claro teor kantiano – em que a natureza se dá a conhecer por um sujeito justamente na medida em que o múltiplo da intuição sensível (as diversas percepções sensoriais que esse sujeito venha a ter) seja passível de legislação (*síntese*) por meio da atividade conceitual desse mesmo sujeito – para se referir à acepção técnica kantiana: legislação por meio das *categorias*, conceitos puros do entendimento. Essa mesma abordagem kantiana pode ser lida, já em uma perspectiva hegeliana, nos termos de uma subsunção da natureza (intuição) no conceito. Para isso, ver Santos (1997, p. 75).
37. Com justiça, no entanto, Collingwood (1987, p. 152) aponta que, após a teoria da evolução de Darwin, a posição hegeliana se mostra insustentável.
38. "É, porém, no teatro da história universal que o espírito alcança a sua realidade mais concreta" (Hegel, 1995, p. 23).
39. Assim, no contexto de uma discussão acerca do tema de sociedades com e sem história, Hegel (1995, p. 59) faz este comentário revelador sobre a sociedade hindu:

em autores que são seus predecessores diretos (Kant e Herder, para ficarmos apenas nos alemães), seria de se esperar que Hegel chegasse até ela por meio de alguma argumentação. No entanto, o que se mostra é justamente o contrário: em Hegel, essa distinção entre natureza e história se apresenta enquanto pressuposto de toda sua concepção de história, de sua filosofia da história. Isso é devido às exigências de sua própria tese, a saber: a de que a história é um processo racional, o que é de fato espantoso, pois Hegel terá sido até aqui, provavelmente, o primeiro filósofo a definir dessa maneira o processo histórico. Esse é um ponto delicado e merece ser tratado com algum cuidado. Indubitavelmente, no que diz respeito aos filósofos tratados aqui, Voltaire e Herder, mas também Kant, nenhum deles duvidaria de que o humano enquanto ser está dotado da propriedade máxima que é a razão.

Como vimos anteriormente, no contexto da contraposição entre as diferentes concepções de racionalidade encarnadas por Voltaire e por Herder, o que estava em jogo ali era a definição da razão humana enquanto uma propriedade imutável, ou seja, com vistas a diferentes configurações sócio-históricas: se tal propriedade seria impermeável a constrangimentos de ordem empírica, ou não. Nesse sentido, uma concepção do humano enquanto um ser irracional sequer está posta enquanto possibilidade. Contudo, e de uma maneira bastante curiosa, a esse ser que é, sem dúvida alguma, racional, vem sendo negada, ao menos no domínio da história, a postulação de racionalidade às suas ações. Ou seja, o humano detém uma atividade conceitual que é reconhecida. No entanto, ao se analisar o campo da história, que nada mais é que o campo da ação humana, é como se se tratasse de outro ser, pois o resultado prático de tal atividade, a saber, as suas ações, são consideradas completamente irracionais e sem sentido, a ponto de os mais diversos pensadores caírem em diversos modos de recusa do domínio da história, tais como: 1) ceticismo com relação à possibilidade de conhecimento

---

"A Índia não possui somente antigos livros religiosos e obras poéticas brilhantes, mas também velhos códigos – uma das condições da produção histórica que postulamos – entretanto, não tem história. Nesse país, todavia, o impulso para organização, ao começar a desenvolver as distinções sociais, petrificou-se nas classificações meramente naturais das castas".

da história (Voltaire); 2) postulação de um mecanismo natural – isto é, não histórico – que teria como objetivo a instauração de um secreto "plano da natureza" cujo propósito é tornar o humano um ser político, portanto, moral (Kant); 3) regência dos rumos da história por meio da divina providência (Herder). Dessa maneira, o que Hegel observou com excepcional clareza foi que sendo a história o registro das ações ocorridas no passado de um ser racional, não haveria por que negar a essas ações, entendidas como resultado prático de uma atividade de pensamento, a imputação de racionalidade.[40] Ou seja, a história, para Hegel, é um processo racional por se dar no domínio da ação humana, que, justamente por advir de um ser racional só pode ser também racional. Assim sendo, esse domínio não só não está circunscrito a nenhum mecanismo de ordem natural – como, de maneira incômoda, mostra-se tanto em Kant como em Herder – como a evidência de sua racionalidade já demarca desde já sua distância para com a natureza, e a subsequente superação desta.

Seguramente, isso que acabamos de enunciar é apenas a ponta do *iceberg* hegeliano, uma vez que falta ainda um esclarecimento do que seja o espírito enquanto conceito, suas relações com a história e o modo como Hegel pensa a efetivação da razão na história: ou, de outro modo, o progresso na consciência da ideia de liberdade como o sentido da história.

Como se aproximar da obra de Hegel? Como tratar com alguma propriedade, ainda que mínima e, principalmente, em um espaço reduzido como o deste trabalho, uma obra de filosofia da história que, em um determinado momento, assim define seu objeto: "pode-se dizer que a história universal é a representação do espírito no esforço de elaborar o conhecimento de que ele é em si mesmo" (Hegel, 1995, p. 24). Indubitavelmente, a sentença apresentada não é do tipo que se dá à compreensão de maneira imediata – se é que tal tipo de sentença existe – e isso justamente pela falta de um esclarecimento do que signifique, nesse contexto, esse singelo termo que atende pela denominação de

---

40. "A razão não é tão impotente ao ponto de ser apenas um ideal, um simples dever-ser, que não existiria na realidade, mas que se encontraria quem sabe onde, por exemplo, na cabeça de alguns homens" (Hegel, 1995, p. 17).

espírito (*Geist*). Ocorre que, no entanto, em nenhum momento de sua obra de filosofia da história, Hegel se dá ao trabalho de esclarecer seja esse conceito de espírito,[41] ou qualquer outro conceito por ele utilizado, como, por exemplo, o de "história universal". Ao contrário, ele parece tomar como suposto que seu leitor já tenha algum tipo de contato prévio com o todo de sua obra ou, pelo menos, com os textos nos quais Hegel apresenta tais conceitos.[42] Sendo assim, a obra em que Hegel vai tratar em detalhe do conceito de esp*í*rito não é outra senão aquela extremamente complexa "introdução" ao sistema filosófico hegeliano que é a *Fenomenologia do Espírito* (*Phänomenologie des Geistes*), de 1807. Como é óbvio, não nos será possível, nos termos deste livro, instaurar uma análise dessa obra que, reconhecidamente, é das mais difíceis da filosofia moderna, além do que, não custa lembrar, nossos propósitos com relação à filosofia hegeliana não diferem daqueles já apresentados nas breves análises tanto de Voltaire quanto de Herder: rastrear alguns temas e distinções que vão permitir a ascensão do debate acerca da "história científica" na Alemanha da passagem do século XIX ao XX. Em outros termos, a passagem de uma concepção filosófica da história a uma científica da mesma. Dessa maneira, nos restringiremos a uma breve definição[43] do que seja esse conceito de espírito.

Na página 77 de seu excelente artigo "O lugar da *Crítica da faculdade do juízo* na filosofia de Kant", o filósofo mineiro José Henrique Santos faz a seguinte constatação: "Em sua polêmica contra a tendência de se colocar, por detrás do mundo físico, um mundo metafísico, incognoscível como a coisa-em-si kantiana, Hegel reduz as duas séries

---

41. Lembrando que, a rigor, o espírito não se confunde com o conceito, mas *se põe* no tempo também por meio de conceitos.
42. Assim, no início da "Introdução" de suas *Lições sobre Filosofia da História*, e no contexto da apresentação de seu objeto – no caso, aquilo que Hegel chama de "conteúdo da história universal" – o próprio Hegel (1995, p. 11, n. 1) adverte: "Aqui, não posso tomar por base nenhum compêndio, já que em meu livro *Fundamentos da Filosofia do Direito* (§ 341-360) citei esse conceito mais preciso de história universal, bem como os princípios ou períodos da divisão desse estudo".
43. Para essa empreitada, seguiremos de perto a excepcional análise da obra hegeliana feita pelo filósofo da Universidade de Sydney, Paul Redding, em seu artigo para o site *Stanford Encyclopedia of Philosophy*, disponível no endereço: <http://plato.stanford.edu/entries/hegel/>.

transcendentes do criticismo a um monismo do fenômeno, *e aceita, como ponto de partida, as contradições que Kant quis evitar*" (Santos, 1997, grifo nosso). Tendo essa constatação em mente – a assimilação em uma unidade, por parte de Hegel, de todos os pares dicotômicos tão laboriosamente construídos por Kant (tais como: fenômeno-*noumenon*, entendimento-razão, liberdade-necessidade) –, a recepção histórica de tal ousadia filosófica se coloca, desde já, de duas maneiras: ou bem a filosofia hegeliana se mostra como sendo justamente o tipo de filosofia "metafísico-dogmática" que Kant tencionava desautorizar com a criação de sua *Crítica da razão pura*, ou Hegel se apresenta, de fato, como um filósofo pós-kantiano que estaria interessado em nada menos que alargar, radicalizar a perspectiva kantiana com o intuito não só de superar o dualismo, como também de libertá-la de seus próprios constrangimentos metafísicos.[44] Que a recepção da filosofia de Hegel no contexto imediato após sua morte se deu por meio da primeira alternativa é um fato histórico. A simples referência ao lema da "volta a Kant" (*Zurück zu Kant*), tão característico do movimento neokantiano, mas, em verdade, lugar comum na cena filosófica alemã principalmente na segunda metade do século XIX (Schnädelbach, 1984, p. 105), bem pode servir de evidência desse fato. Com relação à segunda alternativa, parece claro que essa visão da obra hegeliana está longe de ser hegemônica – em verdade, ela se apresenta enquanto uma tentativa recente de filósofos de extração analítica que se propõem a ler Hegel como um filósofo "não metafísico" no sentido dogmático amplamente criticado por Kant, e o fazem perante uma tradição que tem verdadeira aversão a termos como contradição e dialética (de resto, simplesmente essenciais para Hegel) como é o caso da anglo-saxã. No entanto, essa

---

44. "Enquanto esses últimos pontos de vista muitas vezes diferem entre si e continuam a excetuar vários aspectos do real trabalho de Hegel, eles geralmente concordam em considerá-lo como sendo um filósofo 'pós-kantiano' que aceitou aquele aspecto da filosofia crítica de Kant que tem sido o mais influente, sua crítica da metafísica 'dogmática' tradicional. Assim, enquanto a visão tradicional vê Hegel como exemplo do tipo mesmo de especulação metafísica que Kant criticou com sucesso, a visão pós-kantiana de Hegel o vê tanto como aceitando e estendendo a crítica de Kant, chegando até a voltá-lo contra os aspectos residuais 'dogmaticamente metafísicos' da própria filosofia de Kant" (Redding, 2002, seção 2.2).

posição de aproximar Hegel de Kant, no sentido de estabelecer certo nível de continuidade entre as duas filosofias, ao invés de insistir em uma ruptura radical, se observada enquanto algo como uma "hipótese de trabalho", mostra-se auspiciosa quanto ao objetivo de se esclarecer minimamente o que Hegel quer afirmar com seu misterioso conceito de espírito.

Como é sabido, se a filosofia de Hegel tem alguma característica ímpar, esta bem pode ser a noção de que esses elementos que em filosofia denominamos conceitos – para além de serem conteúdos mentais ou determinadas formas capazes de legislar sobre a experiência de um sujeito conhecedor, o que não exclui o fato de eles serem também isso –, ao invés de serem pensados como uma estrutura, ou, antes, algo que pertence a uma estrutura estática, são, em verdade, pensados como portando certo tipo de dinâmica ou movimento próprios.[45] Isso significa, de início, que em Hegel a pergunta sobre o que um conceito é ou significa, passa necessariamente a ser uma pergunta sobre como este conceito se apresenta em determinado espaço de seu sistema ou em determinado momento de uma obra. Nesse sentido, gostaríamos de sublinhar que, tendo o conceito de espírito importância central no pensamento de Hegel, é justamente com relação a esse conceito que tal ímpeto dinâmico se mostra em toda sua complexidade.[46] Dessa maneira, por necessidades inerentes a este livro, iremos nos circunscrever aqui à significação que tal conceito toma com relação à obra *Lições sobre*

---

45. Assim, José Henrique Santos ao se referir a um texto do "jovem Hegel", o *Sistema da Vida Ética*, de 1802, o faz nos seguintes termos: "Como o tratado é um sistema da vida ética, é preciso impelir o *movimento do conceito* até aquele universal que é a vida do povo, com os momentos desenvolvidos da sociedade e do Estado" (Santos, 1997, p. 75, grifo nosso).
46. O filósofo de Oxford, Michael Inwood, em seu *A Hegel Dictionary* (1992, tradução nossa), apresenta um detalhado mapeamento do conceito:
(8) As atitudes mentais, espírito, gênio, o temperamento de uma época (*der Geist der Zeit, Zeitgeist*), um POVO (*Volksgeist*), o cristianismo (*der Geist des Christentums*), etc. (...). Hegel usa *Geist* em uma grande variedade de maneiras, e em suas obras maduras tenta sistematizar seus significados:
(1) De um modo geral, *Geist* denota a mente humana e seus produtos, em contraste com a NATUREZA e também com a ideia lógica. Assim Enc. III

[*Enciclopédia das Ciências Filosóficas*, vol. III] como um todo contém a filosofia do *Geist*.

(2) Num sentido mais restrito, *Geist* é o "espírito SUBJETIVO", que abrange toda a vida psicológica individual, que vai desde a "alma natural" até o PENSAMENTO e a VONTADE (Enc. III §§387-482).

(3) Num sentido mais restrito ainda, *Geist* abrange os aspectos mais intelectuais da psique, variando da INTUIÇÃO ao pensamento e à vontade, mas excluindo a alma, o SENTIMENTO, etc. e contrastando com eles (Enc. III §§ 440-83 e §§413-39). A "FENOMENOLOGIA do *Geist*" abrange o mesmo terreno, mas com uma relação para a CONSCIÊNCIA de OBJETOS do espírito; na FE [*Fenomenologia do Espírito*], ele também inclui espírito OBJETIVO e ABSOLUTO.

(4) "Espírito objetivo" é o espírito comum (no sentido 8 acima) de um grupo social, incorporado em seus COSTUMES, LEIS e instituições (DO DIREITO), e permeando o caráter e a consciência dos indivíduos pertencentes ao grupo. Isso é concebida como a objetivação do *Geist* subjetivo (Enc. III §§483-552).

(5) "Espírito absoluto" abrange ARTE, RELIGIÃO e FILOSOFIA (Enc. III §§553-77). Ao contrário de (2) e (4), que são FINITOS, ele é INFINITO, pois nele o espírito é (um objeto) "para" o próprio espírito, mas também porque ele reflete sobre o que é diferente e, portanto, LIMITA ou restringe o espírito (Enc. III §§386 e A., 536f). Hegel vê (2), (4) e (5) como, respectivamente, o CONCEITO de espírito, sua REALIDADE e a unidade de conceito e realidade (Enc. III §385). "Espírito absoluto" tem um sabor mais teológico do que (2) e (4): o espírito que é para o espírito é Deus, e, portanto, o espírito absoluto é a AUTOCONSCIÊNCIA de Deus. Espírito é também "absoluto" no sentido de que ele é relativamente "isolado" da vida social de uma determinada comunidade, ou seja, (4).

(6) O *Weltgeist* ou "espírito do mundo" foi, no século XVII, o espírito "mundano", em contraste com o espírito divino; em seguida, tornou-se (por exemplo, em Thomasius) um espírito cósmico que permeia toda a natureza, como a ALMA do mundo; e, finalmente, em Herder e Hegel, é o espírito que se manifesta na HISTÓRIA. A história é um DESENVOLVIMENTO coerente, racional, porque a ascensão e a queda de nações são governadas por um só espírito. O *Weltgeist* é, assim, normalmente tratado sob o título de "do direito" ou "espírito objetivo" (FD [*Filosofia do direito*] §§341-60; Enc. III §549), mas também é responsável pelo desenvolvimento da arte, religião e filosofia, e, assim, do espírito absoluto. (...). Hegel visualiza esses sentidos não como sentidos distintos de *Geist*, mas como fases sistematicamente relacionadas no desenvolvimento de um único *Geist*. Isto é possível por meio de três características especiais do *Geist*: (a) não envolve qualquer COISA ou substrato subjacente, mas é pura atividade; (b) desenvolve-se por etapas em formas sucessivamente mais elevadas, principalmente pela reflexão sobre o seu estado atual; e (c) assume, tanto cognitivamente quanto praticamente, o que é diferente de si mesmo, a natureza, bem como níveis mais baixos do *Geist*, e percebe-se nele. O desenvolvimento do *Geist* às vezes é concebido como lógico e não temporal (por exemplo, em Enc. III), às vezes como histórico (nas PALESTRAS) [*Palestras sobre a Filosofia da História*].

Filosofia da História, no caso, em sua acepção de espírito objetivo, e apenas a esta.

A chave para a compreensão do que significa essa ideia de espírito objetivo em Hegel, ao menos tal como esta aparece nas *"Lições..."*, é a noção de que a razão (ou a racionalidade) não é uma propriedade apenas da atividade conceitual (ou mental) do ser humano, mas, ao contrário, esta se manifesta tanto em suas ações como também nos artefatos produzidos pelo humano. Ou seja, espírito objetivo é manifestação não subjetiva da racionalidade humana, e o que isso significa é bem mais do que um mero jogo de palavras. Em verdade, e seguindo a "hipótese de trabalho" delineada acima – a de que interessa a Hegel radicalizar, antes do que refutar, as realizações da filosofia kantiana –, o que está em jogo é uma recusa de uma filosofia do sujeito em moldes kantianos em prol de uma concepção intersubjetiva da razão humana, que poderá, então, ser considerada a verdadeira fonte dos costumes, leis e instituições. Ou seja, daquilo que Hegel observa como sendo a objetificação, materialização do intelecto humano em algo que lhe é externo: em uma cultura, segundo uma definição possível. Concepção essa que, não levada em consideração, torna as *"Lições..."* uma obra sem sentido algum.

Talvez valha a pena, nesse ponto de nossa argumentação, retornar ao principal objetivo de Kant ao produzir a sua *Crítica da razão pura*. Qual era, então, a questão central envolvida na produção da "via crítica" em filosofia? Desautorizar uma metafísica racionalista que alegava ser capaz de obter conhecimento acerca de objetos prescindindo da experiência por meio de uma pura atividade conceitual, atitude essa que, segundo Kant, teria sua mais completa personificação na filosofia de Leibniz (Weldon, 1945, p. 105-6). Kant refuta com sucesso esse tipo de metafísica "especulativa" ao impor sua distinção entre fenômeno e coisa-em-si (*Ding an sich*), que permite restringir a atividade cognitiva do entendimento a objetos dados na experiência,[47] mantendo, no entanto, a coisa-em-si (o

---

47. "A Analítica Transcendental possui, pois, este importante resultado, a saber, que o entendimento a priori jamais pode fazer mais do que antecipar a forma de uma experiência possível em geral e, visto que o que não é fenômeno não pode ser objeto algum da experiência, que o entendimento não pode jamais ultrapassar

objeto enquanto uma existência efetiva independente de procedimentos cognitivos de uma dada consciência) no domínio do incognoscível, na medida em que o entendimento humano tem um estatuto finito. No entanto, Kant empreende sua bem-sucedida "revolução copernicana" no campo da teoria do conhecimento e da metafísica tendo por base uma filosofia do sujeito: considera-se a atividade cognitiva como algo que tem seu suporte nas condições puramente formais do arcabouço intelectual de um sujeito conhecedor, e não, por exemplo, em alguma propriedade do objeto conhecido, ao qual só se tem acesso por meio de representações (intuição sensível).

Frente a isso, qual é a posição hegeliana? Minar a distinção estabelecida por Kant entre razão e entendimento com o intuito de instaurar as condições materiais do processo cognitivo, o que significa, em termos metafóricos, prover de carne e osso a atividade mental kantiana. Para tanto, Hegel irá, na *Fenomenologia do Espírito*, estabelecer sua controversa posição segundo a qual a autopercepção (autoconsciência) de uma dada consciência é instituída não na relação com um objeto também dado, mas com relação a outra consciência, em um processo de reconhecimento (*Anerkennung*).[48] Ou seja, se Kant, ao estabelecer a síntese originária da apercepção, representada pela fórmula do eu penso (*Ich denke*)[49], como condição de possibilidade para o conhecimento de

---

os limites da sensibilidade, dentro dos quais unicamente podem ser-nos dados objetos" (Kant, 1987, B 303, p. 157).

48. "Como Kant, Hegel pensa que a capacidade de alguém ser 'consciente' de algum objeto externo como algo distinto de si mesmo requer a reflexividade da 'autoconsciência', isto é, exige a consciência de si mesmo como um sujeito para quem algo distinto, o objeto, é apresentado tal como é conhecido. Hegel vai além de Kant, no entanto, no sentido de tornar esse requisito dependente do reconhecimento (ou recognição – *Anerkennung*) como um sujeito pela autoconsciência do outro a quem se reconhece por sua vez. [...]. É dessa forma que a *Fenomenologia* pode mudar de rumo, o rastreamento anterior de 'formas de consciência' sendo efetivamente substituído pelo rastreamento de padrões distintos de 'reconhecimento mútuo' entre os indivíduos" (Redding, 2002, seção 3.1).

49. "O eu penso tem que poder acompanhar todas as minhas representações; pois do contrário, seria representado em mim algo que não poderia de modo algum ser pensado, o que equivale a dizer que a representação seria impossível ou, pelo menos para mim, não seria nada. [...]. Portanto, todo o múltiplo da intuição possui uma referência necessária ao eu penso, no mesmo sujeito em que este

um dado objeto como externo ao sujeito (e assim, ao fazê-lo, permite o estabelecimento da própria autoconsciência do sujeito mesmo), aponta para certa ideia de que a autoconsciência de um sujeito se apresenta como direta, no sentido de ser algo que se experiencia diretamente, ou, antes, é condição de possibilidade da experiência mesma. Hegel, pondo a questão em outro nível, irá exigir que essa autoconsciência se dê de modo indireto: isto é, por meio da relação dessa (auto)consciência com uma outra (auto)consciência. Dessa maneira, o sujeito hegeliano deixa de ser o mero suporte de formas vazias que cuidam de legislar sobre a experiência para se inscrever em uma complexa trama intersubjetiva que permite indicar uma conexão íntima entre configurações sócio-históricas e modos de pensamento,[50] noção capital que se mostra como cerne da ideia de espírito objetivo.

É importante tornar claro, no entanto, que toda essa construção de uma concepção de racionalidade intersubjetiva, tal como é passível de ser observada em Hegel, não é arbitrária. Mais uma vez, o que está em jogo aqui é a tentativa de suplantar os diversos problemas que acompanham a filosofia kantiana. Somente a título de exemplo: a rigidez da distinção entre fenômeno e coisa-em-si deixa a perspectiva kantiana na iminência da acusação de subjetivismo, uma vez que existe uma total descontinuidade entre a realidade tal como ela é e tal como o sujeito a percebe. Isto é, no limite, a posição de Kant de que o

---

múltiplo é encontrado. Esta representação, porém, é um ato de espontaneidade, isto é, não pode ser considerada pertencente à sensibilidade. Chamo-a apercepção *pura* para distingui-la da *empírica*, ou ainda apercepção *originária* por ser aquela autoconsciência que ao produzir a representação *eu penso* tem que poder acompanhar todas as demais, [...]. Com efeito, as múltiplas representações que são dadas numa certa intuição não seriam todas representações minhas se não pertencessem todas a uma autoconsciência [...]. Portanto, somente pelo fato de que posso, numa consciência, ligar um múltiplo de representações dadas é possível que eu mesmo me represente, nessas representações, a identidade da consciência" (Kant, 1987, B. 132-3, p. 85).

50. "[...] nas seções posteriores [da *Fenomenologia do Espírito*], a série anterior de 'Formas de consciência' foi substituída pelo que se parecem mais com configurações de existência social humana, e o trabalho vem se parecer mais com uma conta de formas interligadas de existência social e de pensamento, a série que mapeia a história da civilização da Europa Ocidental a partir dos gregos até a própria época de Hegel" (Redding, 2002, seção 3.1).

conhecimento de um sujeito acerca do mundo está restrito ao modo como esse "mundo" é percebido por ele pode ser encarada como inviabilizando a própria ideia de conhecimento objetivo da realidade.[51] A partir disso, a ideia hegeliana de percepção[52] (*Wahrnehmung*, que significaria literalmente algo como "tomar como verdadeiro") enquanto algo que não está submetido apenas à experiência subjetiva, mas que se apresenta como um elemento compartilhado intersubjetivamente e articulado por conceitos, pode servir de indicação do solo comum no qual emerge sua concepção de espírito objetivo. Dessa maneira, sendo o espírito objetivo essa manifestação não subjetiva da racionalidade humana, que pode ser identificada tanto nas ações humanas quanto nos artefatos criados pelo humano em sua vida em sociedade, a saber: leis, costumes e instituições. Em uma palavra, direito, mas também cultura, será a definição de espírito que Hegel irá utilizar em suas "*Lições...*". Conceito esse que, como já afirmamos, tem como principal característica a possibilidade de apontar para uma conexão íntima entre configurações sócio-históricas e modos de pensamento.

Podemos agora voltar ao texto das "*Lições...*". Ainda no início de seu texto, ao introduzir a noção de "história filosófica", que nada mais é que o seu conceito de uma filosofia da história, Hegel (1995, p. 17) faz a seguinte constatação: "O único pensamento que a filosofia aporta é a contemplação da história; é a simples idéia de que a razão governa o mundo, e que, portanto, a história universal é também um processo

---

51. Ainda que, com toda a certeza, a defesa da perspectiva kantiana seja de uma genialidade impressionante: as condições de possibilidade do conhecimento – o célebre arcabouço cognitivo transcendental – do ser humano não permitem a acusação de subjetivismo por serem as condições possíveis para todo ser portador de um entendimento finito – isto é, seja este ser humano ou não – nesse sentido, esse arcabouço é não só objetivo, como também necessário e válido em si mesmo.
52. "A consciência, portanto, agora começa de novo com seu novo critério epistêmico implícito – a suposição de que uma vez que o conteúdo da consciência é "universal", ele deve ser publicamente compreensível por outras pessoas também. O nome de Hegel para este tipo de realismo perceptivo em que a apreensão privada idiossincrática de qualquer indivíduo sempre será, em princípio, corrigida pela experiência de outros é "percepção" (*Wahrnehmung* – em alemão, esse termo tem as conotações de tomar [*nehmen*] para ser verdade [*wahr*])" (Redding, 2002, Seção 3.1).

racional. Essa convicção, essa idéia, é uma 'pressuposição' em relação à história como tal; na filosofia, isso não é um pressuposto". Com toda certeza, esse trecho parece destinado à incompreensão, dado os reiterados equívocos que ainda hoje se referem a ele. Afinal de contas, num modo de pensar semelhante àquele que afirmamos anteriormente como "iluminista", como será possível a alguém se referir à história, essa eterna narrativa da crueldade e do absurdo humanos, como algo racional, ou pior, como um processo racional? Ao que parece, faltou a esses leitores a compreensão (ou a boa vontade) de reconhecer que Hegel está aqui fazendo uma distinção. Que distinção é essa? Entre história enquanto disciplina (ou ciência, a se preferir o próprio vocabulário hegeliano) que investiga ou tenta compreender a ação humana ocorrida no passado, e filosofia enquanto pensamento que, ao refletir acerca do mundo (ou seja, enquanto ontologia), apresenta-se, de maneira necessária, historicamente.[53] Pois, nesse ponto, Hegel é claro: a ideia de que "a razão governa o mundo", que em história é um pressuposto, em filosofia não o é. Ao contrário, parece ser a filosofia ela mesma. Entretanto, o que significa aqui essa noção de que a história carrega pressupostos? Por que Hegel assim a define?

Mais uma vez, essa definição hegeliana de história parece poder ser esclarecida se tivermos em mente a relação de Hegel com Kant. A questão é a seguinte: partindo da descoberta kantiana de que todo conhecimento detém em si elementos a priori – descoberta essa que possibilita o próprio conceito de razão pura, ou seja, não derivada da experiência – o conhecimento histórico, a disciplina história, deteria também esses elementos. Portanto, se assim é, a postulação de racionalidade à história seria justamente esse elemento apriorístico o qual, não existindo, impossibilita a própria ciência histórica, sendo, nesse sentido, sua própria condição de possibilidade.[54] Mas, que

---

53. "Para dizê-lo com mais propriedade: a escala destas formas do saber em que se vai constituindo a razão humana mesma não é algo que tem lugar na história – o desenvolvimento conflitivo da consciência que o homem tem de si e de seu mundo é a história" (Brauer *in* Reyes, 1993, p. 106).
54. Esse é um ponto delicado e que merece algum comentário. A questão aqui se refere à consideração ou não da história enquanto uma disciplina estritamente empírica, ou seja, baseada apenas na experiência – no caso, na coleta de fatos

fique claro: com essa sua exigência de pressupostos à história, Hegel de maneira nenhuma está se engajando em alguma "metafísica especulativa da história", ao contrário, ele está afirmando claramente o estatuto da história enquanto uma disciplina que tem por definição a tarefa de compreender fatos.[55] O problema aqui é que, mais uma vez, não existem "fatos" que não sejam determinados por conceitos, lição kantiana de que Hegel jamais abriu mão.

Afirmamos acima, portanto, que a postulação de racionalidade à história seria, para Hegel, a condição de possibilidade necessária para que haja algo como a ciência histórica. No entanto, cabe aqui uma observação. Decerto que, à primeira vista, essa afirmação acerca da história soa algo estranha, pois, a história, entendida enquanto um processo impessoal parece efetivamente carecer de racionalidade, que, por seu turno, parece ser apenas um atributo de seres humanos. É nesse ponto, entretanto, que se afirma uma das características mais importantes da reflexão hegeliana acerca da história: a de que a história, enquanto ciência, detém a sua materialidade em uma narrativa das ações humanas, que, em si mesmas, têm de estar abertas à atribuição de racionalidade, sob pena de não haver, então, possibilidade alguma de compreensão histórica.[56] Esse é, sem dúvida, um dos momentos

---

históricos. A posição hegeliana e aquela que poderíamos derivar de Kant seguramente se opõem a essa visão com relação ao conhecimento histórico em particular, e com relação à ideia de conhecimento em geral. Pois, acompanhando esses autores, qualquer tipo de investigação científica segue algum tipo de esquema conceitual que a pré-determina ao invés de ser determinado por ela. No caso da história, por exemplo, seu próprio estatuto de ciência que investiga o passado não é obtido por nenhum tipo de generalidade advinda da coleta de dados históricos, ao contrário, essa coleta de dados que se referem a ações humanas no passado é que se submete a um critério que não só a antecede, como também a determina. Critério esse que, por sua vez, pertence a algum tipo de articulação conceitual que é sua condição de possibilidade.
55. "A história deve apenas considerar o que é e o que foi, *acontecimentos e ações*. A história é tanto mais verídica quanto mais se ativer ao dado" (Hegel, 1995, p. 16, grifo nosso).
56. "*Explicar* a história significa descobrir as paixões do *homem*, seu gênio, suas forças atuantes" (Hegel, 1995, p. 20, grifos nossos). "As épocas que transcorreram para os povos antes da história escrita, representadas em séculos e milênios, podem ter sido cheias de revoluções, migrações e transformações muito violentas,

fulcrais da história do desenvolvimento das concepções ocidentais acerca da história, assim como, ao mesmo tempo, um dos pontos mais negligenciados da reflexão histórica hegeliana. Pois, se o objetivo de toda compreensão histórica é uma reconstrução racional e, portanto, significativa, das ações e eventos ocorridos no passado, uma de suas primeiras formulações (se não a primeira), a *epistemologia das ciências humanas* deve a Hegel, e não a Voltaire ou Herder, e muito menos a Kant. Ainda que o próprio Hegel não esteja, como é certo, preocupado com uma problemática epistemológica no que concerne à história, mas sim a uma reflexão ontológica a respeito do desenvolvimento da racionalidade humana que pretende incluir em uma unidade pensamento e existência, atividade conceitual e ação, teoria e prática. É justamente nesse segundo âmbito de seu pensamento, a instauração da história universal enquanto um processo racional que se evidencia a partir do progresso na consciência da ideia de liberdade (Hegel, 1995, p. 25), que se apresenta a posição propriamente filosófica da reflexão histórica hegeliana. Sua filosofia da história apresenta-se, de fato, como o âmbito mais importante de sua reflexão. Nesse momento de nossa argumentação, podemos voltar àquela definição que já fizemos acerca do que seja o conceito hegeliano de espírito objetivo: manifestação intersubjetiva da racionalidade humana que se materializa nas leis, costumes e instituições criados pelo humano em sua vida em sociedade, e que acaba por indicar uma interação recíproca entre configurações sócio-históricas e modos de pensamento. A utilização desse conceito se justifica não só por ser a acepção utilizada por Hegel de sua noção de espírito nas *"Lições..."* – ainda que o filósofo em nenhum momento a denomine dessa forma, preferindo utilizar-se do termo "espírito" apenas –, mas também porque a partir dela podemos tentar um esclarecimento mínimo do que seja, para Hegel, a efetivação da razão na história.

Observemos, portanto, este trecho das *"Lições..."*:

---

mas *não têm história objetiva*, porque *não apresentam narrativa subjetiva, narrativa histórica*. Não é que os documentos dessas épocas tenham desaparecido acidentalmente, mas nós não os temos porque eles não puderam existir" (Hegel, 1995, p. 59, grifos nossos).

Os orientais ainda não sabem que o espírito, ou o homem como tal, é livre em si mesmo; e porque não o sabem eles não o são. Eles sabem apenas que só *um* ser humano é livre, mas por isso mesmo tal liberdade é apenas arbitrariedade, barbárie e embrutecimento reprimidos, [...]. Esse *único* é, conseqüentemente, um déspota, e não um homem livre. Só entre os gregos é que surgiu a consciência da liberdade, e por isso eles foram livres; mas eles, bem como os romanos, sabiam somente que *alguns* eram livres, e não o homem como tal. Nem mesmo Platão ou Aristóteles o sabiam. Destarte, os gregos não apenas tiveram escravos, como suas vidas e a existência de sua agradável liberdade estavam ligadas a isso. [...]. Só as nações germânicas, no cristianismo, tomaram consciência de que o homem é livre como homem, que a liberdade do espírito constitui sua natureza mais intrínseca. [...] Considerando o princípio cristão da autoconsciência e da liberdade, assinalei [...] [a] própria observação do princípio da liberdade: *a história universal é o progresso na consciência da liberdade* – um progresso cuja necessidade temos de reconhecer. Ao falar de uma maneira geral sobre a distinção entre o saber e a liberdade, disse que os orientais só sabiam que um *único* homem era livre, e no mundo grego e romano *alguns* eram livres, enquanto nós sabemos que *todos* os homens em si – isto é, o homem como homem – são livres. (Hegel, 1995, p. 24-25)

"Os orientais ainda não sabem que o espírito, ou o humano como tal, é livre em si mesmo; e porque não o sabem eles não o são." Provavelmente, esse é um dos melhores exemplos daquilo a que nos referimos como a interação entre modo de pensamento e configuração sócio-histórica característica da ideia hegeliana de espírito objetivo. Pois o que se observa aqui é que certo tipo de consciência ou de estrutura cognitiva (prefigurada pelo verbo "saber") acerca de um determinado objeto, no caso, a ideia de liberdade como um atributo do ser humano ou, antes, a inexistência dela, se instaura efetivamente (no dizer típico de Hegel, materializa-se) enquanto instituição política: a saber, a figura do déspota. Lembrando que, quando nos referimos a termos como "consciência" não se trata aqui de algum tipo de apreensão individual, mas o que se tem em mente é a já citada trama intersubjetiva que caracteriza a maneira indireta sobre a qual Hegel exige a constituição da autoconsciência, a qual, em um certo sentido, pode ser definida como sendo resultado, em suas diferentes manifestações, de configurações sócio-históricas também diferenciadas. Assim, o que se apresenta como o progresso na consciência da liberdade seria justamente esse desenvolvimento de estruturas cognitivas que vão permitir o alargamento da "autoconsciência" nos termos de um desenvolvimento de instituições políticas. Desse modo, a mentalidade grega que determinava o atributo da liberdade apenas aos cidadãos da *polis* (excluídos aí as mulheres, crianças e escravos) instaura a democracia direta em seu modelo grego, no qual apenas alguns eram livres. Da mesma maneira que a civilização cristã com sua mensagem universalista permite o estabelecimento de leis e costumes cada vez mais abrangentes que, por sua vez, levariam ao estabelecimento do Estado moderno em sua face racional-legal: uma etapa que Hegel observa como sendo a "realização completa do espírito na existência" (Hegel, 1995, p. 23), isto é, a efetivação presentificada da razão na história.

É interessante perceber como Hegel constrói a articulação entre eventos históricos (por exemplo, o advento do cristianismo) e sua apreensão em uma idealidade filosófica (a ideia de liberdade). Entretanto, esse modo de arranjar estruturas conceituais com modelos ou formas de vida social demanda certo tipo de "movimento dinâmico" entre um extremo e outro que acaba por borrar as fronteiras entre história e filosofia da história, numa hipérbole de significação que parece se destinar a englobar todo e qualquer evento histórico numa lógica completamente estranha ao próprio. Dessa maneira, não se mostra infundada a acusação tantas vezes feita de que Hegel termina por eliminar, ainda que, talvez, involuntariamente, o elemento de contingência da história, transformando-a em seu oposto: um processo dotado de uma lógica própria e inexorável.[57]

---

57. Assim, por exemplo, a seguinte frase: "A história universal vai do leste para oeste, pois a Europa é o fim da história universal, e a Ásia é o começo" (Hegel, 1995, p. 93).

Kant: Início-Fim da Filosofia da História

Na *Crítica da razão pura*, escrita em 1781, o filósofo de Königsberg, Immanuel Kant (1987, B 4, p. 24), assim se refere com relação à experiência: "a experiência nos ensina que algo é constituído deste ou daquele modo, mas não que não possa ser diferente". Ou seja, a experiência, como tal, apresenta-se apenas como uma questão de fato, de dados a serem organizados em uma operação cognitiva, e, assim sendo, não traz nela mesma as regras que seriam capazes de avaliar e dar suporte a tal operação. O que isso, no entanto, quer dizer? Quer dizer que o tipo de suporte epistêmico que se busca para poder avaliar tal operação cognitiva, avaliar se ela é capaz de fornecer conhecimento universal e necessário de algo, por exemplo, deve ser buscado na outra ponta de tal operação, isto é, no aparato cognitivo do sujeito do conhecimento, ao invés de na experiência propriamente dita. Isso significa que tal aparato é que vai se encarregar de fornecer a legislação, condições de universalidade e necessidade, por exemplo, a uma experiência que, nela mesma, mostra-se amorfa. Nesse sentido, a experiência é apenas o preenchimento de uma forma, o que não quer dizer que isso seja pouca coisa, pois é à experiência que o conhecimento está sempre dirigido.

Transferindo isso a que nos referimos acima ao campo do conhecimento histórico, temos a seguinte afirmação: a de que dos dados históricos não se pode inferir critério algum para julgá-los (Brauer in Reyes, 1993, p. 96). Ou seja, aquele que se dispõe a analisar o passado deve estar preparado para lidar com uma matéria, a histórica, também amorfa. Kant, de fato, quando constituiu suas reflexões acerca do conhecimento humano, não estava interessado em nenhum tipo de estudo ou ciência que tivesse o humano como objeto. Seu campo de reflexões ali era o conhecimento científico da natureza – a física newtoniana sendo o exemplo máximo desse tipo de conhecimento – e, quando tinha o humano como centro de suas reflexões, a questão envolvida era de outra espécie: a ética, o agir moral humano instituindo o registro da liberdade no complexo determinístico do mundo da natureza. De ambas as reflexões, acerca do conhecimento necessário da natureza e do agir moral livre, as obras *Crítica da razão pura* e *Crítica da razão prática* dão testemunho de um gênio sem par. Com toda a certeza, houvesse Kant jamais se referido à história, isso não invalidaria a afirmação que fizemos acima sobre o conhecimento histórico, pois tal afirmação está baseada em sua constituição do conhecimento humano enquanto um empreendimento crítico, em oposição ao dogmático, que, nesse sentido, pode (e mesmo, diriam alguns, deve) ser direcionado a qualquer campo do conhecimento. No entanto, ainda que de forma assistemática, Kant terminou por fazer uma reflexão sobre a história,[58] cujo pequeno texto *Idéia de uma história universal de um ponto de vista cosmopolita* (Kant, 1986 [orig. 1784])[59] pode ser encarado como sua manifestação mais emblemática. Nesse texto, que alguns consideram como sendo o texto que inaugura a filosofia da história em terreno alemão (Terra *in* Kant, 1986, p. 43-4),[60] Kant vai dispor na forma de nove proposições o que ele

---

58. De fato, a reflexão de Kant acerca de uma *filosofia da história* propriamente dita, uma "história filosófica" como o próprio Kant se refere na última frase de seu texto "*Idéia...*", está realmente encerrada no texto *Idéia de uma história universal de um ponto de vista cosmopolita*. No entanto, esse texto é comumente considerado como fazendo parte junto com outros – como, por exemplo, *A paz perpétua* e o *Conflito das faculdades* – de um conjunto de reflexões políticas de Kant, que, ainda que não constituíssem uma *filosofia política* estrita, seriam de interesse para uma investigação sobre as ligações entre política, moralidade e história. Para um tratamento extremamente original, e instigante, de tais temas em Kant, ver Arendt (1993).
59. Doravante o citaremos pela sigla IH ou Kant (1986).
60. De fato, o texto de Kant pode ser lido como a grande influência por trás das reflexões filosóficas acerca da história feitas por pensadores alemães tão ilustres (e diferentes) como Schiller, Fichte, Schelling e, sem dúvida, aquele que foi mais longe em tal reflexão, Hegel. No entanto, não deve ser escamoteado aqui o papel fundamental que a reflexão de Herder desempenha nesse período. Ainda que sua obra *Idéias para uma filosofia da história da humanidade* tivesse sido publicada em quatro volumes que se encerraram em 1791, o primeiro desses volumes foi publicado em 1784. Kant não só leu esse volume, como fez dele uma resenha, segundo alguns, demolidora. Portanto, é somente após a leitura do volume de Herder que Kant produz o texto da IH – segundo Collingwood, a IH foi publicada em novembro de 1784, alguns meses depois do primeiro volume da obra de Herder. Nesse sentido, o que se pode perceber não só a partir das questões levantadas pelo texto kantiano, como também do contexto de sua publicação, é mais uma passagem do embate, bastante característico da Alemanha de então, entre um Iluminismo já um pouco tardio representado na postura de Kant e um nascente Romantismo presente na obra de Herder, com suas respectivas (e opostas) visões

considera ser o "fio condutor" capaz de impor à história o sentido que a ela lhe falta. Acerca dessa atitude aparentemente presunçosa, a de querer impor sentido a algo que parece, ao contrário, já o ter em demasia, cabe uma reflexão bastante importante para a definição da filosofia da história em sua encarnação alemã. De fato, está em jogo aqui uma distinção muito precisa entre a história[61] enquanto uma disciplina compreensiva que investiga determinados eventos, e uma filosofia da história que se apresenta como uma interpretação sistemática da história universal ou, nas palavras de Kant (1986, p. 22): "Uma tentativa filosófica de elaborar a história universal do mundo". Dessa maneira, fica claro que a filosofia da história não se confunde com a história propriamente dita, ainda que a relação entre as duas reflexões nem sempre se mostre clara, os propósitos da filosofia da história são decididamente de outra ordem.

A filosofia da história, já foi dito, mostra-se enquanto uma tentativa de pôr para a história a questão do sentido. Essa reflexão, por si só, não se mostra ociosa, uma vez que os fatos e eventos históricos parecem realmente precisar de um tipo específico de compreensão que permita que estes se mostrem em toda a sua significação. No entanto, ao formular de tal maneira a questão, encontramo-nos em uma perspectiva essencialmente metodológica: o modo como lidar com o objeto histórico dentro da investigação histórica enquanto uma disciplina específica: a história. Agora, à filosofia da história, fundada como está em uma perspectiva de totalidade, não interessa a significação dos fatos históricos eles mesmos, mas sim visa instaurar um princípio de significação que permita desvendar o sentido oculto da história como um todo. Ou seja, um princípio que permita abarcar todo o desenvolvimento histórico do humano, determinando assim toda a trajetória do curso histórico e suas realizações, unificando-as em um mesmo e

---

acerca do que pode – ou, antes, deve – ser a história. Para um amplo inventário da influência de Kant em seus sucessores, ver Collingwood (1987, p. 139, p. 141, p. 147 e 150-1). Para as relações entre Kant e Herder, ver Brauer ("La filosofia idealista de la historia" *in* Reyes, 1993, p. 90, p. 93-4 e p. 96).
61. "Seria uma incompreensão do meu propósito considerar que, com esta idéia de uma história do mundo (*Weltgeschichte*), que de certo modo tem um fio condutor *a priori*, eu quisesse excluir a elaboração da história (*Historie*) propriamente dita, composta apenas empiricamente" (Kant, 1986, p. 23).

único processo. Nesse sentido, parece ser justa a afirmativa de que as diferentes filosofias da história a partir de Herder partilham de uma mesma forma: existe um princípio que governa o curso do mundo. Em Herder, esse princípio será a providência divina. Em Hegel, será a ideia de liberdade. Em Kant, será o afamado plano da natureza. Com respeito a esse tipo de reflexão, no entanto, uma última advertência: o princípio utilizado, seja ele qual for, é externo à história.[62] Ele define e conforma a história de fora, apartado da história ela mesma.

Consoante com as inclinações iluministas do autor, o texto da IH mantém aquilo que identificamos como um motivo central daquela faceta do pensamento setecentista: a redução da história à natureza. No entanto, se Kant é ainda um iluminista, ele também o é de maneira tardia. Pois, além de estar escrevendo suas obras no final do século XVIII, Kant está completamente imerso nos debates dos círculos alemães de sua época, em que a Alemanha, mesmo estando em situação sociopolítica bastante diversa em comparação com sua vizinha, a França, ainda recebia uma enorme influência das ideias francesas, principalmente daquelas ligadas ao iluminismo. Entretanto, os ideais iluministas de então não são absorvidos tal como vêm de seu local de origem, acabando por ocorrer, nesse processo, a peculiar tradução, intencional ou não, de tais ideias para o contexto alemão. Daí o caráter bastante singular do iluminismo alemão (Terra *in* Kant, 1986, p. 56-7). Não fosse essa situação o bastante, esse é também o período em que ascende na Alemanha o movimento romântico, com sua direta oposição ao racionalismo exacerbado do iluminismo, e que tem como uma de suas principais personalidades ninguém menos que Herder, o ex-aluno de Kant. As relações entre Kant e Herder são bastante tumultuadas,

---

62. Em Herder, só o fato de tal princípio ser a providência divina já indica a sua característica transcendente com relação à história. Em Hegel, por sua vez, essa constatação se mostra algo complexa, uma vez que não só sua reflexão sobre a história (como, de resto, toda a sua filosofia) está fundada em um monismo do fenômeno que tende à dissipação de dualidades, como ele requer explicitamente que a sua concepção de que "a razão governa o mundo" seja encarada não só como uma ideia fundante, mas enquanto manifestação efetiva na realidade histórica. Dessa maneira, Hegel acaba por borrar a definição entre história e filosofia da história, ainda que ele mesmo faça tal distinção.

mas, para nossos propósitos aqui, basta que se reconheça que o texto da IH é, num certo sentido, uma resposta ao autor das *Idéias para uma filosofia da história da humanidade*. Resposta bastante provocativa, contudo, a julgar pelo adjetivo cosmopolita, instalado já no título do texto e que se coloca em franca oposição ao populismo[63] de Herder. No entanto, a qualificação da postura iluminista de Kant como tardia não se refere apenas ao contexto histórico de seu embate com Herder, mas ao fato de que o texto da IH é diretamente influenciado por tal embate e, inclusive, pelas próprias posições de Herder.[64] Daí a postura de se matizar a atitude iluminista de Kant enquanto uma posição já a meio caminho da superação da mesma, como a sua perspectiva a respeito da relação entre natureza e história talvez permita entrever.

Antes que adentremos o texto da IH, e analisemos a relação natureza-história erigida nele, convém comentar um pouco a introdução ao mesmo. Nessa introdução, Kant vai se referir imediatamente às ações humanas, consideradas por ele mesmo como o conteúdo da narrativa verídica que a história tem em mira. Contudo, surpreendente é encontrar aqui uma definição do que sejam as ações humanas em um registro completamente *sui generis*, ao menos, quando o autor de tal definição é o mesmo da *Crítica da razão prática*.

De um ponto de vista metafísico, qualquer que seja o conceito que se faça da *liberdade da vontade, as suas manifestações* (Erscheinungen) – as ações

---

63. Utilizamos "populismo" aqui na acepção instaurada por I. Berlin na página 139 de seu estudo sobre Herder. No entanto, a título de exemplo desse "embate" entre cosmopolitismo kantiano e populismo herderiano, vale a pena observar a seguinte observação de Herder (v. 13, p. 330), citada por Berlin (1982, p. 160): "O selvagem que ama a si mesmo, a sua mulher e seu filho... e trabalha para o bem de sua tribo como se fosse o seu próprio... é, na minha opinião, mais autêntico que aquele fantasma humano, o... cidadão do mundo, que, morrendo de amores por todos os seus companheiros fantasmas, ama uma quimera. O selvagem, em sua choupana, tem lugar para qualquer estranho... o coração saturado do ocioso cosmopolita não é lar para ninguém".

64. É a isso que Collingwood se refere, na página 127 de sua *A Idéia de História*, ao afirmar: "O que é verdadeiramente notável em Kant é o modo como combina [em sua filosofia da história] o ponto de vista do Iluminismo com o do Romantismo, semelhantemente ao modo como, na sua teoria do conhecimento, combina o racionalismo e o empirismo".

humanas – como todo outro acontecimento natural, são determinadas por leis naturais universais. (Kant, 1986, p. 9, grifos no original)

"Qualquer que seja o conceito que se faça da liberdade da vontade".

Ora, mas na *Crítica da razão prática* (escrita em 1788, portanto, quatro anos *após* a IH) não será justamente a liberdade da vontade o fundamento para a autonomia da ação moral livre? E, mais uma vez, se o próprio Kant constitui a ação moral como manifestação do princípio metafísico da liberdade no mundo determinado pelas leis da natureza, como podem as ações humanas ser, então, consideradas não só como um "acontecimento natural", mas, ainda assim, determinadas por "leis naturais universais"? Torna a se mostrar aquela que talvez seja a característica determinante de toda a filosofia crítica kantiana: o dualismo nunca abandonado entre fenômeno e *noumenon* ou coisa-em-si. Afinal, a questão aqui é que as ações humanas são livres quando consideradas em seu aspecto noumênico, ou seja, enquanto ações morais promovidas pela autonomia fundamental da liberdade da vontade. No entanto, Kant aqui se refere à possibilidade de observar as ações humanas também como fenômeno[65], o que indicaria, portanto, a possibilidade de considerar tais ações como passíveis de serem determinadas por leis naturais. Em verdade, o que se apresenta aqui é um motivo recorrente na filosofia kantiana: o de manter a possibilidade de encarar o objeto sempre de

---

65. "Kant principia o seu ensaio dizendo que, embora como noumêno ou coisas em si, os atos humanos sejam determinados por leis morais, no entanto, como fenômenos, do ponto de vista dum espectador, são determinados de acordo com leis naturais, como os efeitos das causas. A história, narrando o curso das ações humanas, trata-as como fenômenos, considerando-as, portanto, sujeitas às leis naturais". Um dos pontos mais interessantes da análise que Collingwood faz de Kant em seu *A Idéia de História* é justamente a sua observação de que o conceito de *natureza* em Kant teria antes um significado epistemológico do que propriamente ontológico. Tal conceito significaria assim qualquer objeto que fosse percebido enquanto fenômeno, ou seja, externamente ao sujeito, restando à coisa em si a significação daquilo que existe internamente ao sujeito, enquanto razão ou espírito: a "atividade moral livre e autodeterminada" – além de ser, obviamente, conceito-limite do conhecimento humano referente a objetos externos. Nesse sentido, a ação humana pode ser considerada como natureza – isto é, como determinada por leis naturais, da mesma maneira que tudo o mais: pelo fato de poder ser percebida enquanto fenômeno (Collingwood, 1987, p. 127, p. 129-30).

duas maneiras: tanto como coisa-em-si quanto como fenômeno. Com isso, Kant evita contradições argumentativas mesmo quando instaura qualidades antagônicas em um mesmo objeto.⁶⁶

Consideremos, por um instante, este argumento: que Kant tenha em mente a dupla significação (tanto como coisa-em-si quanto como fenômeno) da ação humana e tenha, neste texto, escolhido observá-la enquanto fenômeno, o que é, por sinal, bastante óbvio, já que foi o próprio Kant quem inventou a distinção entre fenômeno e coisa-em-si. O que advém disso? Que espécie de história Kant tem em mente para entender como viável a leitura da ação humana como fenômeno, isto é, como passível de ser determinada por leis naturais? Com toda certeza, Kant não está preocupado aqui com uma estratégia de compreensão das ações humanas no passado, nos termos delas mesmas, em si mesmas. Ele busca, em sua reflexão, outra coisa.

> A história, que se ocupa da narrativa dessas manifestações [as ações humanas], [...] permite todavia *esperar* que, com a observação, em suas linhas *gerais*, do jogo da liberdade da vontade humana, ela possa descobrir aí um curso regular – dessa forma, o que se mostra *confuso e irregular nos sujeitos individuais* poderá ser reconhecido, no conjunto da *espécie*, como um *desenvolvimento continuamente progressivo*, embora lento, das suas *disposições originais*. (Kant, 1986, p. 9, grifos nossos)

Ou seja, Kant não só não está preocupado com as ações humanas nelas mesmas, "confusas" e "irregulares", nem, ao menos, no humano enquanto agente, "nos sujeitos individuais", mas, seu interesse por essa criatura se apresenta somente enquanto espécie natural, qualificação essa que o permite (segundo ele) reconhecer um "desenvolvimento continuamente progressivo" da mesma, mas só nos termos de suas "disposições originais". Que espécie de história Kant tem em mente, portanto? Nenhuma. O que está em jogo aqui é somente a possibilidade de se reconhecer na história os efeitos de algo que a conforma, mas que não faz parte dela.

---

66. A título de exemplo, vide a análise da alma humana em sua dupla significação, tanto como coisa-em-si como enquanto fenômeno, presente no "Prefácio" à *Crítica da razão pura* (Kant, 1987, "Prefácio à Segunda Edição", B XXVII, p. 16).

Como o filósofo não pode pressupor nos homens e seus jogos, tomados em seu conjunto, nenhum *propósito* racional *próprio*, ele não tem outra saída senão tentar descobrir, neste curso absurdo das coisas humanas, um *propósito da natureza* que possibilite todavia uma história segundo um determinado plano da natureza para criaturas que procedem sem um plano próprio. (Kant, 1986, p. 10, grifos no original)

Um "propósito da natureza" que seja condição de possibilidade de "uma história". *Filosofia da história* em seu mais alto grau. Percebamos, de início, o modo como Kant se refere à história humana: um jogo sem "propósito racional próprio", dos quais só se pode observar um "curso absurdo", uma vez que tais "criaturas" agem (talvez fosse melhor afirmar: se desenvolvem) sem um "plano próprio". Sem dúvida, Kant observa a história aqui em chave decididamente iluminista: o passado é um espetáculo de ignorância, intolerância, irracionalidade. Porquanto, ainda que o humano seja um ser definitivamente racional, a história acaba por mostrar que ele não necessariamente procede de tal maneira.[67] Assim sendo, se não se pode imputar racionalidade plena aos eventos históricos, pela via da racionalidade de seus agentes, talvez se possa pressupor em tais eventos um propósito da natureza que permita prover de inteligibilidade e, talvez, mesmo de uma justificativa, tal curso violento e bárbaro da história humana. Dessa maneira, sob o olhar de Kant, se é possível perceber na história humana algum progresso, como os iluministas pretendiam que houvesse, tal processo não se deve à sabedoria humana, pois em matéria de história ela não é reconhecível,[68] e sim ao secreto plano da natureza que os homens cumprem sem sequer o perceber.[69]

---

67. "Os homens em seus esforços não procedem apenas instintivamente, como os animais, nem tampouco como razoáveis cidadãos do mundo" (Kant, 1986, p. 10).
68. "É difícil disfarçar um certo dissabor quando se observa a conduta humana posta no grande cenário mundial, e muitas vezes o que isoladamente aparenta sabedoria ao final mostra-se, no seu conjunto, entretecido de tolice, capricho pueril e freqüentemente também de maldade infantil e vandalismo" (Kant, 1986, p. 10).
69. "Os homens, enquanto indivíduos, e mesmo povos inteiros mal se dão conta de que, enquanto perseguem propósitos particulares, cada qual buscando seu próprio proveito e freqüentemente uns contra os outros, seguem inadvertidamente,

Gostaríamos de voltar, no entanto, para a qualificação do humano enquanto espécie natural, como proposto por Kant no trecho citado acima. Parece óbvio que Kant não considera o humano como um animal, simplesmente. Pelo menos, não igual aos outros animais, visto que possui racionalidade. Contudo, a questão aqui é que Kant decide tratar a humanidade como mais uma espécie da criação, num mundo povoado por elas, e isso se mostra na observação de Kant com respeito às "disposições originais" que o humano, como qualquer outro ser natural e criado, possui. Tal observação é importante porque é isso que vai permitir a Kant postular um propósito da natureza com relação à humanidade – propósito esse que nada mais é do que uma finalidade da natureza.

Já na primeira proposição, Kant institui o princípio de uma finalidade da natureza[70] em relação às disposições naturais de todas as criaturas. Esse ponto é de extrema importância não só para a compreensão da IH, mas para uma análise da filosofia crítica kantiana como um todo. Pois, como se sabe, é somente na *Crítica da faculdade do juízo* (escrita em 1790, portanto, seis anos depois da IH) que tal princípio, agora entendido como juízo teleológico, vai ser devidamente analisado e sua função com relação ao conhecimento da natureza definitivamente matizada.[71] No texto da IH, Kant somente institui esse princípio da finalidade, sem, contudo, afirmar o que entende por isso. No entanto, cabe aqui uma segunda observação: no caso do texto da

---

como a um fio condutor, o propósito da natureza, que lhes é desconhecido, e trabalham para sua realização" (Kant, 1986, p. 10).
70. "Todas as disposições naturais de uma criatura estão destinadas a um dia se desenvolver completamente e conforme a um fim" (Kant, 1986, p. 11).
71. "Se se trata não da divisão de uma *filosofia*, mas da de nossa *faculdade-de-conhecimento a priori por conceitos* [...], mas considerada somente segundo a sua faculdade de pensar (em que o modo-de-intuição puro não é tomado em consideração), a representação sistemática da faculdade-de-pensamento resulta tripartida, ou seja, primeiramente a faculdade do conhecimento do *universal* (das regras), o *entendimento*, em segundo lugar a faculdade da *subsunção do particular* sob o universal, o *Juízo*, e em terceiro lugar a faculdade da *determinação* do particular pelo universal (da derivação a partir de princípios), isto é, a *razão*" (Kant, "Primeira Introdução à Crítica do Juízo" *in* Terra, 1995, p. 37. Doravante citada como: "Primeira Introdução").

IH, Kant parece tratar da finalidade da natureza como um princípio imanente a ela,[72] justamente o tipo de construção conceitual que será avaliado como hipótese metafísica ilegítima no decorrer da terceira crítica. Pois, o que estaria em jogo naquela situação referente ao texto da IH seria a tentativa de determinar que a natureza procede, de fato, intencionalmente.[73] Tentativa essa que se mostra, de maneira clara, como uma hipótese transcendente com relação ao entendimento humano, portanto, vedada a este.

Assim sendo, e aqui adentramos de fato no domínio da *Crítica da faculdade do juízo*, qual seria a função do juízo teleológico com relação às faculdades de conhecimento do ser humano? A questão aqui tem a ver com uma mudança na concepção kantiana de *natureza* da primeira à terceira crítica. Se na *Crítica da razão pura* a concepção de natureza era aquela que se referia à natureza física, entendida aí como um sistema determinístico de causas eficientes, na *Crítica da faculdade do juízo* esta passa a ser eminentemente uma natureza orgânica, que tem em seu seio uma miríade de organismos vivos, e que, portanto, desafia a redução da natureza a um mecanismo cego como postulado pelo entendimento (Lebrun, 2001, p. 94). A partir disso é que entra em cena o juízo teleológico, que se apresenta como um princípio que vai pressupor na natureza uma finalidade formal. Ou seja, o princípio de que os seres vivos detêm uma finalidade tanto interna quanto externa – interna no sentido em que cada ser busca manter-se vivo (por exemplo, pela alimentação); externa porque cada ser vivo busca sua continuidade enquanto espécie (dessa vez, pela reprodução) – faz parte do modo como o intelecto humano é capaz de compreender a natureza orgânica: ele projeta sobre essa natureza um princípio que é capaz de fornecer inteligibilidade a um tipo de fenômeno que, do contrário,

---

72. "Um órgão que não deva ser usado, uma ordenação que não atinja o seu fim são contradições à *doutrina teleológica* da natureza" (Kant, grifo nosso, 1986, p. 11). Ver também Brauer ("La filosofía idealista de la historia" *in* Reyes, 1993, p. 97).
73. "A saber, o juízo teleológico, embora vincule um conceito determinado de um fim [...], com a representação do objeto [...], é sempre, mesmo assim, apenas um juízo-de-reflexão [...]. Não tem nenhuma pretensão a afirmar que nessa finalidade objetiva a natureza (ou um outro ser através dela) proceda de fato *intencionalmente*" (Primeira Introdução, p. 78).

seria incompreensível, pois a simples descrição física de nada adianta quando o que se quer é compreender qual a origem e como funciona o organismo de um ser vivo.[74] No entanto, que fique claro: a natureza em si mesma continua enigmática, o que o juízo teleológico pode garantir é uma compreensão desta nos termos do nosso intelecto. Nada nos permite afirmar que a natureza, de fato, assim se porta.[75]

Essa finalidade, de resto, não funda "nem um conhecimento teórico da natureza, nem um princípio prático da liberdade" (Primeira Introdução, p. 39). No entanto, ela é requerida para que se possa empreender a investigação de uma natureza que se identifica agora como um sistema de leis empíricas, isto é, contingentes. Ou seja, uma natureza que, embora coerente em suas regularidades, não fornece ao intelecto humano condições de possibilidade que permitam subsumi-la em um registro de leis universais, tal como na física. Dessa maneira, o juízo teleológico se mostra enquanto um princípio subjetivo, sem dúvida, porém necessário[76] para a compreensão da natureza viva.

Percebe-se, todavia, como o juízo teleológico age com relação à investigação da natureza: não postulando uma finalidade objetiva, mas observando-a como se tal finalidade existisse de fato.

É dessa maneira, portanto, que deve ser entendida a ideia de finalidade da natureza como instituída na IH. Não como uma finalidade efetivamente existente na natureza, e, no contexto humano, um plano

---

74. "De modo nenhum uma razão humana (nem qualquer outra finita, que quanto à qualidade fosse semelhante à nossa, mas que do ponto de vista do grau a ultrapassasse em muito) pode esperar compreender a geração, nem mesmo de uma folhinha de erva a partir de causas simplesmente mecânicas" (Kant, 1995, p. 251).
75. "Um juízo teleológico compara o conceito de um produto da natureza, segundo aquilo que ele é, com aquilo que ele deve ser. [...] Mas, de um produto da natureza, pensar que ele deveu ser algo, e julgar, de acordo com isso, se ele também efetivamente é assim, contém já a pressuposição de um princípio que da experiência (que somente ensina o que as coisas são) não pode ser tirado" (Primeira Introdução, p. 78).
76. "O juízo teleológico não é simplesmente uma máxima da razão [...]. A leitura finalista, neste caso, não é uma hipótese que se possa adotar ou rejeitar como bem aprouver, mas um *a priori* que pertence à percepção que se tem de um ser organizado. [...] Em suma, nosso juízo espontâneo de finalidade não é um artifício metodológico, mas uma exigência inscrita no estatuto finito de nosso conhecimento" (Lebrun, 2001, p. 96).

da natureza objetivo a comandar a história (pois, se tal coisa existe, não nos é dado conhecê-la), mas como uma ideia na acepção kantiana do termo: um princípio de interpretação que possibilite tornar compreensível aquele conteúdo.[77] Ainda que, em alguns momentos da IH, Kant dê a entender que tal finalidade seja imanente à natureza.

Tendo feito esse breve comentário acerca de como deve ser compreendida essa noção de finalidade da natureza tal como aparece na IH, voltemos àquilo a que tal finalidade se refere primariamente, a saber: às disposições naturais das criaturas existentes. Como já apontamos acima, Kant considera a humanidade aqui enquanto espécie e não como um conjunto de agentes livres. O porquê de tal qualificação também já foi indicado: o fato de Kant não imputar a possibilidade de um progresso da humanidade à sabedoria humana, ou à sua simples racionalidade e preferir, ao contrário, considerar tal progresso, se existente, a um propósito da natureza. A reflexão aqui, portanto, vai agora tomar um rumo inesperado. Afinal, Kant vai ser obrigado a se haver com a seguinte situação: a de, por meio de uma causa natural, determinar efeitos não naturais. Ou seja, mostrar como os eventos históricos, causados, como se sabe, por agentes racionais, podem ter como fundamento um mecanismo natural. Para responder a essa questão, Kant vai apresentar, basicamente, dois argumentos. O primeiro é o de que o pleno exercício da razão humana exige um desenvolvimento histórico (Collingwood, 1987, p. 132). O segundo é o de que, tendo a natureza um propósito para a humanidade, o meio do qual ela se utiliza para o desenvolvimento desse propósito é a instauração de uma unidade conflitante (Brauer in Reyes, 1993, p. 99) no humano, chamado por Kant de insociável sociabilidade (*ungesellige Gesellkeit*).

O primeiro argumento se apresenta da seguinte forma: se for passível de ser considerado enquanto verdade que a natureza tem como finalidade o pleno desenvolvimento das potencialidades de todas as suas criaturas, logo, o humano, única criatura racional sobre a Terra, também deve poder afirmar-se nesse processo de pleno desenvolvimento

---

77. "[...] esta idéia poderá nos servir como um fio condutor para expor, ao menos em linhas gerais, como um *sistema*, aquilo que de outro modo seria um *agregado* sem plano das ações humanas" (Kant, 1986, p. 22, grifos no original).

de seu único atributo que o diferencia das demais criaturas, a razão. No entanto, Kant considera o seguinte: sendo a razão uma faculdade completamente singular, que impõe a si mesma a superação de seus próprios limites[78], inclusive, ultrapassando os limites da própria natureza, esta jamais pode alcançar o seu pleno desenvolvimento durante a vida biológica de um único indivíduo. Ao contrário, a razão necessita da idade de toda a espécie para se desenvolver completamente.

> Ela [a razão] não atua apenas de maneira instintiva, mas, ao contrário, necessita de tentativas, exercícios e ensinamentos para progredir, aos poucos, de um grau de inteligência (*Einsicht*) a outro. Para isso um homem precisa ter uma vida desmesuradamente longa a fim de aprender a fazer uso pleno de todas as suas disposições naturais [...], ela necessita de uma série talvez indefinida de gerações que transmitam umas às outras as suas luzes para finalmente conduzir, em nossa espécie, o germe da natureza àquele grau de desenvolvimento que é completamente adequado ao seu propósito. (IH, p. 11)

Uma das características mais interessantes dessa posição kantiana, portanto, acaba por ser a de que a razão não é uma faculdade instintiva.[79] O humano, apesar de ter a razão como um atributo natural, necessita que ela seja desenvolvida historicamente, e de maneira intersubjetiva, pois somente a vida em sociedade pode prover à razão as condições oportunas para o seu avanço. Para além disso, com esse argumento, Kant também conseguiu, à diferença de seus predecessores iluministas, constituir uma impressionante justificativa para a própria existência da história. Num certo sentido, o argumento de Kant nos ensina "por que razão há de existir uma coisa como a história",[80] uma vez que ele coloca a posição segundo a qual a história tem de existir para que haja o pleno desenvolvimento do homem enquanto ser racional.

---

78. "Numa criatura, a razão é a faculdade de *ampliar as regras* e os propósitos do uso de todas as suas forças *muito além do instinto natural*" (Kant, 1986, p. 11, grifo nosso).
79. Como muito bem notou Daniel Brauer na página 98 de seu artigo *La filosofía idealista de la historia*.
80. Como bem afirma Collingwood (1987, p. 132).

Se o primeiro argumento consegue postular o desenvolvimento do humano enquanto ser racional, o segundo se encarregará de demonstrar o desenvolvimento moral e político do humano (e das sociedades), por meio de um paradoxal mecanismo que leva à paz por meio da guerra.

Esse argumento, que, como já referimos, apresenta-se como a postulação de uma unidade conflitante no humano que Kant determina como sendo sua característica de insociável sociabilidade, é posto pelo filósofo da seguinte forma:

> O homem tem uma inclinação para *associar-se* porque se sente mais como homem num tal estado, pelo desenvolvimento de suas disposições naturais. Mas ele também tem uma forte tendência a *separar-se* (isolar-se), porque encontra em si ao mesmo tempo uma qualidade insociável que o leva a querer conduzir tudo simplesmente em seu proveito, esperando oposição de todos os lados, do mesmo modo que sabe que está inclinado a, de sua parte, fazer oposição aos outros. Esta oposição é a que, despertando todas as forças do homem, o leva a superar sua tendência à preguiça e, movido pela busca de projeção (*Ehrsucht*), pela ânsia de dominação (*Herrschsucht*) ou pela cobiça (*Habsucht*), a proporcionar-se uma posição entre companheiros que ele não *atura* mas dos quais não pode *prescindir*. Dão-se então os primeiros verdadeiros passos que *levarão da rudeza à cultura*. (IH, p. 13, grifo nosso na última linha)

Ou seja, para Kant, o humano é um ser egoísta e, ao mesmo tempo, de sociabilidade, e isso não por sua vontade (ou, antes, por sua maldade ou algo parecido), mas por conta de suas disposições naturais, isto é, por conta de sua própria constituição enquanto ser natural. Ainda que isso nos pareça, em verdade, uma afirmação mais da condição esquizofrênica do humano do que qualquer outra coisa, o que Kant tem em mente é algo bastante diferente. Trata-se, sem mais, da expulsão do homem do seio da natureza por meio de um mecanismo interno a ela própria.[81] Expulsão essa que tem, enquanto finalidade, o estimado plano da natureza, a criação da cultura, e o posterior estabelecimento

---

81. "O homem quer a concórdia, mas a natureza sabe mais o que é melhor para a espécie: ela quer a discórdia" (Kant, 1986, p. 14).

do humano nos termos de um ser moral,[82] e, portanto, político. Nesse sentido, a natureza, não o humano, não apenas cria a cultura e a moral, como também exige a política.[83]

Não deixa de ser realmente espantoso que Kant atribua aqui a criação tanto da cultura quanto da moral e da política não ao humano (que é, antes de qualquer outra coisa, um ser racional), mas a um plano da natureza que este cumpre sem o saber. Agora, no entanto, qual a razão desse estado de coisas nesse momento da filosofia kantiana? Mais uma vez, o que se observa é que Kant ainda está preso a uma concepção estritamente iluminista do domínio histórico, a despeito de o próprio Kant terminar por indicar a criação desse domínio da história a partir da natureza, isto é, ultrapassando essa concepção iluminista mesma. Assim, e ao cometer essa ultrapassagem, Kant acaba por fazer a passagem de uma finalidade da natureza a uma finalidade da história: uma vez que a efetivação do plano da natureza se dá na constituição de uma plena sociedade civil, portanto, na história. Sociedade essa cujo desenvolvimento paulatino – pois tal sociedade de maneira nenhuma se mostra como existindo no presente[84] – se apresentaria sob a forma de uma instauração da união das sociedades em Estados e, a partir destes, para uma constituição interestatal que seja capaz de assegurar a paz[85] entre

---

82. "[...] através de um progressivo iluminar-se (*Aufklärung*), a fundação de um modo de pensar que pode transformar, com o tempo, as toscas disposições naturais para o discernimento moral em princípios práticos determinados e assim finalmente transformar um acordo extorquido *patologicamente* para uma sociedade em um todo *moral*" (Kant, 1986, p. 13-4).
83. "O maior problema para a espécie humana, a cuja solução a natureza a obriga, é alcançar uma sociedade civil que administre universalmente o direito" (Kant, 1986, p. 14).
84. "Esta tarefa [a constituição de uma sociedade civil] é, por isso, a mais difícil de todas; sua solução perfeita é impossível: de uma madeira tão retorcida, da qual o homem é feito, não se pode fazer nada reto" (Kant, 1986, p. 16).
85. "[...] é a saída inevitável da miséria em que os homens se colocam mutuamente e que deve obrigar os Estados à mesma decisão (ainda que só a admitam com dificuldade) que coagiu tão a contragosto o homem selvagem, a saber: abdicar de sua liberdade brutal e buscar tranqüilidade e segurança numa constituição conforme leis. *Todas as guerras* são, assim, *tentativas* (*não segundo os propósitos dos homens, mas segundo o da natureza*) de estabelecer novas relações entre

as diferentes nações. Ou seja, a instauração de uma sociedade plenamente racional que é posta em um futuro provavelmente longínquo.[86]

Estaríamos aqui diante de uma teleologia da história? Por suposto, sim. Não deixa de ser digno de nota, entretanto, o quanto essa passagem efetivada por Kant, de uma finalidade da natureza a uma finalidade da história, será influente por todo o período considerado como sendo o do "Idealismo alemão", a saber, em seus descendentes diretos: Fichte, Schelling e Hegel. Sobretudo Hegel, não somente por ter sido aquele que foi mais longe em tal reflexão, mas por seguir as pegadas de Kant inclusive no aspecto político de sua filosofia da história, por tratar a sua concepção do progresso na consciência da ideia de liberdade nos termos de um desenvolvimento histórico de instituições políticas.

No entanto, coerente com a constituição dualista de sua filosofia, Kant jamais confunde o registro da história com o da filosofia da história.[87] Ao contrário, é justamente por sustentar que a partir apenas dos dados históricos não se pode inferir critério algum para julgá-los que Kant pôde introduzir sua filosofia da história enquanto um "fio condutor" para a apreciação daquilo que, sem tal princípio, mostra-se apenas como um "agregado" amorfo de ações humanas.

---

os Estados" (Kant, 1986, p. 17, grifos nossos). Paradoxal mecanismo esse, o da natureza, que leva à paz por meio da guerra.

86. "Descobre-se assim, creio, um fio condutor que pode servir não apenas para o esclarecimento do tão confuso jogo das coisas humanas ou para a arte de predição política das futuras mudanças estatais [...], mas que abre também [...] uma perspectiva consoladora para o futuro, na qual a espécie humana será representada num porvir distante em que ela se elevará finalmente por seu trabalho a um estado no qual todos os germes que a natureza nela colocou poderão desenvolver-se plenamente e sua destinação aqui na Terra ser preenchida. Uma tal *justificação* da natureza – ou melhor, da *Providência* – não é um motivo de pouca importância para escolher um ponto de vista particular para a consideração do mundo" (Kant, 1986, p. 23).

87. "É um projeto estranho e aparentemente absurdo querer redigir uma história (*Geschichte*) segundo uma idéia de como deveria ser o curso do mundo, se ele fosse adequado a certos fins racionais – um tal propósito parece somente poder resultar num romance" (Kant, 1986, p. 22).

CAPÍTULO 3

O DEBATE WEBER-RICKERT ACERCA DAS CONDIÇÕES DE POSSIBILIDADE DO CONHECIMENTO HISTÓRICO

Em continuidade ao que acabamos de afirmar acerca de Kant no término do segundo capítulo, iremos, neste momento de nossa argumentação, acompanhar o desenvolvimento do pensamento kantiano nos termos do surgimento do movimento neokantiano e de uma abordagem referente às condições de possibilidade do conhecimento histórico. No caso, a abordagem do neokantiano de Baden, Heinrich Rickert, que será objeto de avaliação crítica direta, ao mesmo tempo em que influenciará de maneira determinante[1] na constituição da perspectiva de Max Weber acerca da possibilidade se obter conhecimento da realidade sócio-histórica.

Entretanto, antes de adentrarmos no debate Weber-Rickert, voltemos rapidamente às consequências da filosofia kantiana tendo em vista a constituição, na passagem do século XIX ao XX, de um (até então inédito) debate acerca das condições de possibilidade do conhecimento histórico na Alemanha. Esse debate, do qual fizeram parte tanto historiadores quanto filósofos, como Eduard Meyer e Wilhelm Windelband, por exemplo, pode ser considerado a consequência epistemológica do surgimento da chamada "história científica" naquele país. Ao mesmo tempo em que pode ser observado de maneira precisa a passagem de

---

1. O debate acerca da relação Weber-Rickert pode ser caracterizado pela presença de duas posições opostas: a afirmação de uma influência direta de Weber por Rickert e outra que rejeitará essa influência. O livro de Guy Oakes, *Weber and Rickert. Concept Formation in the Cultural Sciences* se apresenta enquanto o principal proponente da primeira perspectiva. Já o livro de Fritz Ringer, *Max Weber's Methodology. The Unification of the Cultural and Social Sciences*, é um dos diversos exemplos da posição contrária.

uma concepção filosófica da história – com as suas pretensões exageradas de apreender o sentido da história universal nos termos de uma finalidade (*telos*) histórica – para uma concepção científica da mesma, que, por sua vez, trará à tona uma série de questões concernentes ao estatuto propriamente cognitivo da "ciência histórica". Em outras palavras, quais seriam as condições epistemológicas necessárias para que seja possível a apreensão dos fatos e eventos históricos. Sendo que, pensando-se em um contexto propriamente filosófico, esse debate teve ainda dois vetores diretos. O primeiro seria a publicação, no ano de 1883, da *Introdução às Ciências do Espírito* (*Einleitung in die Geisteswissenschaften*) (Outhwaite, 1985, p. 24) de Wilhelm Dilthey que, como é sabido, fez imensa fortuna crítica ao intentar uma distinção radical, na medida em que esta é ontológica, entre o campo das ciências naturais e as ciências humanas, denominadas por Dilthey como sendo "ciências do espírito" (*Geisteswissenschaften*). O segundo vetor seria o contexto um pouco mais amplo de um renovado interesse na filosofia kantiana na segunda metade do século XIX na Alemanha que se seguiu ao chamado "colapso do Idealismo" (Schnädelbach, 1984, p. 3), identificado então com a filosofia hegeliana, e que é considerado mais propriamente como movimento neokantiano. É importante notar, sobretudo, que esse movimento neokantiano não se dá apenas por causa de um aparente "descrédito" filosófico motivado pelos abusos da filosofia "especulativa" de Hegel. Tão importante quanto essa recusa ao hegelianismo seria a introdução do movimento positivista na Alemanha, entendido aqui como uma posição mais geral concernente à manutenção da objetividade científica, nos termos de uma definição da prática científica como isenta de valores e cujos resultados são a-históricos, e às mudanças na própria instituição da ciência e das práticas científicas como um todo no sistema universitário alemão (Schnädelbach, 1984, p. 21-3, p. 35).

Dessa maneira, no contexto de um movimento eminentemente preocupado com a teoria do conhecimento, como foi o movimento neokantiano, é possível reconhecer quais traços da filosofia kantiana, concernentes à história, serão sublinhados por tais pensadores. Pois, no contexto do mínimo espaço dado por Kant no conjunto de suas reflexões à história, ainda assim são passíveis de rastreamento duas consequências bastante importantes para essa passagem de uma concepção filosófica para uma científica da história.

A primeira consequência da abordagem kantiana da história é, claro está, a instauração de uma finalidade da história nos termos de um desenvolvimento de instituições políticas, consequência esta que será plenamente explorada pela filosofia da história hegeliana e que será, por sua vez, completamente desconsiderada no âmbito do debate acerca da "história científica" de então, provavelmente, pelo claro sabor "metafísico", portanto, "não científico", de tal formulação. A segunda consequência, e que se apresenta como um resultado direto da teoria do conhecimento kantiana tal como exposta na *Crítica da razão pura*, é a de que dos dados históricos eles mesmos não se pode inferir critério algum para julgá-los, posição de caráter epistemológico que terá uma importância simplesmente capital para todo o desenvolvimento das teorias acerca do conhecimento histórico tal como postas pelo movimento neokantiano, especialmente pelos neokantianos de Baden: Wilhelm Windelband e Heinrich Rickert. O que se apresenta nos termos de tal desenvolvimento da filosofia kantiana é o seguinte deslocamento: assim como na primeira crítica, a condição de possibilidade do conhecimento de objetos está fundada no arcabouço cognitivo do sujeito, e não em alguma propriedade do objeto mesmo. Essa perspectiva, ao ser transportada para o registro da história, vai impor o arcabouço cognitivo do sujeito como condição de possibilidade não apenas do conhecimento histórico, mas também, e principalmente, da instauração do próprio domínio da história enquanto um campo de conhecimento diferenciado das ciências naturais. Nesse sentido, o campo da história exige uma estratégia cognitiva diferenciada que termina por instaurar o próprio domínio desse campo. Esse é, em linhas gerais, o modo como os neokantianos de Baden (especialmente Rickert) vão propor sua distinção dos domínios da natureza e da história, ou, mais especificamente, dos domínios da ciências naturais e da ciência histórica, uma distinção epistemológica, não ontológica, que vai influenciar diretamente o modo como Max Weber (1985, p. 6) pensa a ciência histórico-social como uma ciência da realidade (*Wirklichkeitswissenschaft*).

É importante termos em mente aqui, antes de nos aprofundarmos mais tanto na filosofia epistêmica da história de Rickert quanto na apropriação crítica de Weber dessa mesma filosofia, que aquilo que Weber denomina enquanto uma ciência da realidade, e que hoje chamaríamos sem mais de sua sociologia, tem como suporte, antes de qualquer outra coisa, certa ideia de ciência histórica. Esse é um ponto bastante delicado, pois as fronteiras entre as duas disciplinas, sociologia e história, atualmente tão bem estabelecidas, naquele momento da passagem do século XIX ao XX pareciam ainda não o ser.[2] Mais: poder-se-ia afirmar com um bom grau de certeza, e a obra de Weber como um todo, nesse sentido, seria emblemática, de que aquilo que se observa nessa passagem é o surgimento da sociologia, então pensada como ciência da cultura (*Kulturwissenschaft*), a partir da história.[3] Dessa maneira, o que se observa nos estudos de Weber é que o componente histórico em sua obra não é arbitrário e nem fortuito. Ao contrário, esse mesmo componente se mostra como mediação necessária em sua concepção do que seria uma ciência empírica do social (Domingues, 2004, p. 436-7). Voltaremos a esse ponto adiante, quando tivermos precisado melhor a relação de Weber com a posição epistêmica de Rickert, da qual iremos, neste momento, fazer uma apreciação geral.

Rickert e o limite do conceito

Rickert afirma, no prefácio à primeira edição de *Die Grenzen der naturwissenschaftlichen Begriffsbildung* (1986), que é seu objetivo compreender a formação de conceitos históricos. Tal objetivo decorreria do fracasso de seu empreendimento anterior, que visava o estabelecimento de uma teoria geral da formação de conceitos. Fracasso esse causado tanto por razões de cunho aparentemente pragmático – a enorme gama

---

2. Assim Weber (*apud* Schluchter, 1979, p. 139) comenta o seu ensaio *A ética protestante e o espírito do capitalismo* em uma carta para Heinrich Rickert, em 1905: "Em junho ou julho, você receberá um ensaio sobre a história cultural que pode ser de seu interesse: *O ascetismo protestante como a fundação do profissional moderno civilização*".
3. Para um estudo definitivamente clássico dessa passagem, ver Antoni (1959).

de conhecimento especializado que seria necessário adquirir – quanto de cunho teórico: a diferença, assumida por Rickert como fundante para a compreensão de todo o conhecimento científico, entre o pensamento histórico e o pensamento nas ciências naturais, determinante não apenas da pretensão de erigir uma teoria do conhecimento, mas ainda de qualquer tratamento filosófico de questões culturais. Podemos compreender o sentido da radical separação rickertiana entre uma epistemologia do conhecimento histórico e uma epistemologia das ciências naturais no quadro geral de uma tentativa neokantiana de determinar as condições de possibilidade de uma compreensão racional da história que envolveria também autores como Wilhelm Windelband e Emil Lask. Rickert integra, portanto, um grupo de pensadores comumente identificados como representantes do neokantismo de Baden, voltados para a construção de uma filosofia da história, entendida aqui em sua acepção epistemológica, cognitiva, distinta tanto do positivismo quanto de um idealismo neo-hegeliano. Conquanto existam diferenças relevantes entre os autores mencionados, poderíamos afirmar que o elemento unificador que persiste em suas reflexões é o projeto de esboçar as condições de possibilidade de um conhecimento de tipo específico, o conhecimento idiográfico, que tem por matéria "realidades individuais" ou, ainda, parcelas singulares da realidade: as denominadas individualidades históricas, que seriam, por sua vez, os constituintes mesmos da história entendida enquanto disciplina que produz conhecimento. Poder-se-ia afirmar que Rickert parte de um hiato, o afamado *hiatus irrationalis*, de cunho neokantiano entre o domínio do conceito e o domínio da realidade para elaborar uma análise das condições de possibilidade do conhecimento de entidades individuais que toma esse hiato como premissa (e não como obstáculo) para a formação de conceitos históricos. Tratar-se-ia então, seria esse o projeto de *Die Grenzen der naturwissenschaftlichen Begriffsbildung*, de incorporar ao escopo geral das ciências, tal como esboçado por Kant em sua *Crítica da razão pura*, o campo do conhecimento dos objetos irredutíveis a leis necessárias e universais.

Kant, de acordo com uma interpretação de cunho neokantiano, teria concebido o conjunto das ciências como restrito ao empreendimento newtoniano de uma filosofia natural, isto é, um conjunto articulado de proposições necessárias e de validade geral referidas às propriedades gerais do mundo natural. À oposição entre particular e universal, no âmbito dos objetos do conhecimento, corresponderia a diferença entre conhecimento nomotético, calcado na descoberta de leis que subsumiriam representações, e conhecimento idiográfico, cuja atenção ao particular e contingente não implicaria em um estatuto cognitivo inferior.

> [...] O que, por razões puramente lógicas, nunca pode ser incluído sob um conceito da ciência natural – ou seja, a "individualidade" da realidade empírica – pode ser representado somente em ciências que somos obrigados a chamar históricas, se é para ser objeto de tratamento científico de qualquer modo. Isso se dá porque o conceito do que define um limite para a ciência natural, o conceito de único e individual, coincide com o conceito de histórico no sentido mais abrangente concebível desse termo.
> (Rickert, 1986, p. 34)

A afirmação do caráter individual dos eventos históricos decorre então da impossibilidade de subsumi-los em leis, assim como a pretensão de determinar de que modo uma ciência de tais eventos é possível decorre da tentativa de "completar" o projeto kantiano de fundamentação do conhecimento por meio da elaboração de critérios específicos.

Derivaria dessa tentativa a posição de um problema fundamental: assumida a impossibilidade de postular qualquer espécie de convergência entre conceito e realidade, como formar conceitos a partir de entidades individuais, ou, ainda, uma vez que assumimos a dicotomia entre *noumenon* e fenômeno, como uma individualidade poderia constituir-se como objeto de conhecimento? A pergunta fundamental, posta pelo conhecimento histórico, reside na formação de conceitos: quais condições teriam de ser atendidas para conceituarmos a realidade histórica concreta? Como representaríamos o particular e contingente por meio de conceitos?

Rickert oferecerá, como resposta a tal conjunto de questões, incontornáveis dentro de um quadro reflexivo de matiz neokantiano, uma teoria da realidade entendida como objeto de experiência e uma teoria do conhecimento que pode ser dividida em um projeto crítico de demarcação entre ciências históricas e ciências da natureza e uma teoria geral da cognição. A teoria rickertiana da experiência da realidade se assenta na afirmação do caráter infinito da realidade que é experienciada: infinitos elementos e acontecimentos, sem começo ou limites espaciais discerníveis, que se combinam de infinitas maneiras. Haveria dois aspectos dessa infinidade do real: um extensivo, de modo que a realidade não poderia ser experienciada como um todo, como consequência não poderia ser incorporada pela experiência em si mesma; um outro intensivo, de modo que cada elemento que compõe a realidade é infinitamente complexo. O postulado da infinidade do real não possui, todavia, caráter ontológico, mas sim epistemológico: não constitui uma tese acerca do modo de ser do real, mas sim acerca do modo como experienciamos o real como objeto do conhecimento. Nesse sentido, a infinidade do real pode ser compreendida como sua infinita analisabilidade: nossa experiência pode ser decomposta em infinitas partes e infinitas combinações dessas partes, assim como cada uma delas pode ser decomposta em infinitos elementos, que podem ser, por sua vez, decompostos em infinitos aspectos e propriedades. Desse caráter infinitamente analisável do real que experienciamos decorreria a irracionalidade do mesmo: não seria possível demarcar um critério capaz de especificar o que seria o conhecimento da totalidade do real, nem mesmo demarcar o que constitui um conhecimento total de cada aspecto do mesmo. Ou seja, não é que o real não seja coerente em suas regularidades, ou mesmo não porte algum tipo de inteligibilidade, a questão é que a realidade não é passível de ser representada em sua totalidade por nenhum tipo de atividade conceitual, posto que esta é múltipla e infinita tanto extensivamente quanto intensivamente. Ao conceito não é permitido "subsumir" a realidade.

Da irracionalidade do real tal como o experienciamos derivaria um empreendimento crítico de rejeição do realismo em epistemologia: o realismo, enquanto algo que implica uma concepção de verdade-correspondência entre proposições e fatos, segundo Rickert, restaria inaceitável à luz da descrição do modo como experienciamos a realidade. Essa rejeição do realismo, entendido como verdade por correspondência entre fatos e proposições, conduzirá Rickert ao postulado de que a verdade das proposições científicas deriva da verdade do conteúdo teórico que é declarado nela, que não reproduz o real, mas sim conceitualiza aspectos selecionados desse. As proposições científicas não seriam então verdadeiras, mas válidas, no sentido de que verdade e validade se confundiriam: a verdade é um valor, e valores não possuem existência, mas sim validade, são estritamente ideais. O que é verdadeiro, em sentido rigoroso, não existe, mas é verdadeiro porque é válido. As proposições científicas, quando verdadeiras, o são porque são válidas, não reproduzindo as propriedades de um objeto, mas as propriedades do que tem validade.

O processo de validação das proposições científicas solicita uma teoria do conhecimento que substitua de maneira eficaz o realismo. Para Rickert, tal teoria pode ser formulada a partir de uma análise da cognição humana baseada na identificação dos interesses da mesma: haveria uma espécie de teleologia da cognição, isto é, a partir da identificação dos valores que o conhecimento deveria realizar, é possível estipular os métodos para construir o conhecimento em questão. Aqui, temos a efetivação da distinção entre conhecimento nomotético e idiográfico a partir dos valores que determinam cada uma destas formulações: se o que se impõe é a busca por leis invariantes, o conhecimento será nomotético; se, ao contrário, tem-se a perseguição da realidade em sua individualidade concreta, o conhecimento será idiográfico. Sendo que, ao se estipular essa distinção nos termos dos valores que a determinam, temos também a constituição dos respectivos domínios da natureza e da história, lembrando que a distinção entre os dois domínios não é ontológica, mas sim epistemológica: trata-se da mesma realidade observada segundo estratégias cognitivas diferenciadas.

Desse modo, dada a irracionalidade do real, o único conhecimento possível é por meio de conceitos que o simplifiquem e o transformem a partir dos interesses que os conceitos deveriam cumprir. A formação de um conceito de um dado aspecto da realidade seria uma representação do mesmo, ou seja, Rickert não afirma que os conceitos teriam apenas uma existência puramente mental ou linguística. Conceitos seriam construtos lógicos que realizam determinados propósitos cognitivos, e a teoria rickertiana do conhecimento é uma teoria da formação de conceitos que teriam o objetivo de realizar interesses cognitivos que eles deveriam realizar.

Nossos interesses cognitivos são determinados, para Rickert, pela relação que percebemos, ou não, entre alguns elementos da realidade. A partir da relação percebida entre distintos elementos, atuariam as ciências naturais da seguinte forma: formando conceitos que não designariam entidades dotadas de uma existência espaço-temporal, mas postulando *leis*, que *abstrairiam* o aspecto perceptual da realidade a fim de constituir proposições válidas para toda uma classe de entidades.

> No entanto, generalizando a ciência natural, em contraste com a história, permanece uma ciência dos conceitos (*Begriffwissenschaft*), não só no sentido de que quanto mais abrangente ou geral esses conceitos se tornam, menos o conteúdo de seus conceitos gerais se assemelha ao conteúdo da realidade individual, empírica, mas também no sentido de que a existência dos seus objetos não necessita de ser explicitamente estabelecida em julgamentos. Proposições como "um mundo corpóreo realmente existe", "Existe água", ou "realmente existem seres humanos vivos" não compreendem o conteúdo, mas sim os pressupostos implícitos das ciências naturais, que estão preocupadas com o mundo corporal em geral, água, ou seres humanos. Em outras palavras, precisamente porque tais julgamentos são autoevidentes, eles já não pertencem a essas ciências. Na ciência natural, o ponto crucial é sempre a questão da validade de conceitos, e não a questão da existência real dos objetos. (Rickert, 1986, p. 73)

A condição de possibilidade das ciências naturais seria, portanto, um processo de abstração da perceptualidade do real, i.e., de sua irracionalidade, de sua infinita analisabilidade por meio da construção de leis que romperiam as propriedades singulares das entidades tal como as percebemos. De modo que, para Rickert, seria a própria realidade do real que se perderia no processo de abstração empreendido pelas ciências naturais, ou seja, seu caráter singular. Singularidade essa que seria a condição de possibilidade do conhecimento histórico: conhecimento acerca das propriedades das entidades tal como as experienciamos,[4] únicas, singulares.

> [...] Se a realidade individual como tal foi identificada com o conceito mais geral do objeto histórico, a concepção individualizante da realidade característica da vida prática deve ser designada como a concepção histórica primordial e a mais abrangente. Aqui, no entanto, o "histórico" ainda significa nada mais do que a realidade, com referência ao único, o específico, e o indivíduo *per se*. (Rickert, 1986, p. 87)

As ciências históricas produziriam proposições válidas, isto é, verdadeiras, na medida em que representam a realidade tal como se apresenta, composta de entidades individuais, e se assentariam no caráter atômico e analisável do real como se nos apresenta. Assim, o critério de demarcação entre ciências da natureza e ciências da cultura, para Rickert, diferentemente de Dilthey, não reside na natureza da matéria tratada, não é de cunho ontológico, mas axiológico: diferentes tipos de ciência atendem a diferentes valores cognitivos. A impossibilidade, anteriormente afirmada, de dominar uma enorme e vasta gama de conhecimentos especializados, que inviabilizaria uma epistemologia unificada das ciências, não é de cunho pragmática, mas deriva de uma razão de princípio: as ciências naturais são ciências do conceito, cuja finalidade é o conhecimento das relações conceituais abstratas e formais que presidem a realidade, cuja validade, sua verdade, é determinada paradoxalmente pela abstração da mesma. As ciências históricas, por sua vez, são ciências do real que atendem ao distinto interesse cognitivo de conhecer a realidade em si mesma, isto é, tal como se apresenta, infinitamente variada, singular, não repetível. Nesse sentido, aquilo que é particular, ou seja, não passível de inclusão em uma dada lei geral invariante, se apresenta, desde já, como realidade dada historicamente.

---

4. Esse é um ponto delicado que exige um pequeno esclarecimento: o que Rickert tem em mente ao se referir a esse domínio que ele denomina de "história" parece ser muito mais o domínio de uma *moral science*, no sentido de Stuart Mill, de estudos acerca dos registros da atividade humana (daí, não natural) do que efetivamente o domínio do passado. Pois, à questão de como se pode experienciar o passado, Rickert parece não ter resposta.

A avaliação crítica de Rickert por Weber como constituição da definição weberiana de ciência histórica-social

Temos aqui, portanto, a primeira grande dívida de Weber para com Rickert, a saber: a ideia weberiana de uma ciência da realidade (*Wirklichkeitswissenschaft*), ainda que a defesa de Weber, dessa característica de uma ciência sócio-histórica, se apresente mais como uma exigência de certo empirismo-positivismo do qual ele nunca se desvencilhou totalmente[5]. Interessava a Weber utilizar-se dos resultados auferidos por Rickert em suas investigações "lógicas" para seus próprios interesses de pesquisa. De fato, a manutenção da mesma terminologia acusa uma das consequências diretas da posição rickertiana que terá pleno desenvolvimento nas investigações weberianas: a mediação necessária da história para o estudo da cultura (Ringer, 2000, p. 40). Ou seja, assim como a realidade, em suas parcelas singulares, se apresenta desde já enquanto "particulares" dados de maneira histórica, ou, antes, a realidade tratada segundo certa estratégia cognitiva se apresenta de maneira histórica, então a ideia de uma ciência da cultura que requeira acesso empírico ao real, nos termos, mais uma vez, do único modo (segundo Rickert) de acesso ao real, a individualidade histórica, somente pode ser uma ciência histórica.

Entretanto, é também aqui, no embate com Weber, que se mostra a principal deficiência da filosofia epistêmica da história de Rickert. Pois, enquanto Rickert, com sua abordagem valorativa para os diferentes domínios epistemológicos das ciências, consegue de maneira bastante efetiva indicar os limites conceituais das ciências naturais, ele falha em apontar a sua contraparte com relação à ciência histórica. O que queremos afirmar aqui é que, na medida em que Rickert define categoricamente os procedimentos do conhecimento nomológico, abstração da realidade concreta em leis invariantes, essa mesma definição com relação ao conhecimento idiográfico se apresenta como inexistente. Rickert se limita a afirmar que o conhecimento idiográfico, pautado por uma estratégia cognitiva específica que delimita o domínio da história

---

5. Embora este se mostre mais claramente no tema da famigerada "neutralidade axiológica" (Nobre, 2004, p. 105).

nos termos do conhecimento do singular e da particularidade, está mais próximo da realidade concreta do que o nomológico, e que assim é por sua própria especificidade: a busca da individualidade histórica. No entanto, em nenhum momento Rickert afirma o modo como o conhecimento idiográfico pode, efetivamente, alcançar tais individualidades. Ou seja, falta a Rickert a definição de um modo de conhecimento do real que seja de fato histórico (Ringer, 2000, p. 43), posto que ele tem uma teoria acerca do modo de conhecimento das ciências naturais. Em outras palavras, falta a ele uma teoria da compreensão histórica.

Falta, portanto, a Rickert uma instância mediadora que permita tanto a análise das evidências do presente quanto a reconstrução da matéria histórica proveniente do passado. É justamente nesse sentido que Weber apresenta sua crítica à posição de Rickert: a partir de qual instrumento metodológico pode-se permitir ao sujeito transpor[6] o *hiatus irrationalis* e chegar até os símbolos e evidências provenientes da realidade que o cerca.

> [...] julgamos que continua sendo válida a tese – e esta se opõe ao ponto de vista de Rickert – que afirma serem as ações e as expressões humanas acessíveis a uma interpretação, na medida em que se considere o seu significado. [...] A possibilidade de dar, por meio da interpretação significativa, um passo além dos dados empíricos, justifica – apesar das ponderações de Rickert – a junção, sob o nome de "ciências do espírito" (*Geisteswissenschaften*), de todas aquelas ciências que sistematicamente fazem uso deste método (o da interpretação significativa). (Weber, 1992, p. 10, n. 24)

Partindo dessa citação, pode-se atingir diretamente o núcleo da posição de Weber face à abordagem rickertiana. Sendo as ações humanas dotadas de significado e, como decorrência lógica dessa afirmação, também as consequências de tais ações (eventos e acontecimentos

---

6. A rigor, o *hiatus* é intransponível. Weber não cede à tentação de afirmar que com o uso do tipo-ideal tem-se uma ponte efetiva entre o pensamento e o real, o que ocorre é que o tipo-ideal é uma maneira de lidar com o *hiatus*, mas não é capaz de vencê-lo. Doravante, pensamento e mundo continuarão separados, pois, também para Weber, o real é incognoscível.

históricos) e, provavelmente, qualquer artefato humano têm como característica central serem dotados de sentido, elas são passíveis de análise mediante o uso de um método adequado, aquilo que Weber chama de interpretação significativa.

Infelizmente, não foi nesse texto que Weber nos proporcionou uma explanação do que ele entende por "interpretação significativa". Ele apenas cita o termo sem se deter nele (Weber, 1992, p. 9-10, n. 24). Ao que parece (ainda que sempre se possa considerar que "interpretação" para ele talvez fosse uma coisa óbvia), o intuito de Weber nessa passagem seria mais de marcar uma posição frente ao debate metodológico da época do que se aprofundar nela, ainda mais se tivermos em mente que o objetivo do ensaio citado é criticar as posições de dois outros autores (Roscher e Knies), sendo que, em meio à crítica, Weber interpõe suas próprias considerações.

Contudo, consideramos que essa passagem é de grande valia para uma reflexão acerca das condições de possibilidade de uma ciência histórico-social sob a ótica weberiana, e também do termo que é o cerne dessa digressão: o tipo-ideal. Aquilo que Weber chama de ciência histórico-social tem como elemento fundamental o postulado de que tudo aquilo que é derivado da ação humana leva impresso desde já seu significado (sentido). Os acontecimentos históricos e os fenômenos sociais são passíveis de serem compreendidos (interpretados) e, nesse ato de compreensão, a via de acesso não é outra senão o tipo-ideal. Ao buscar o sentido dos fenômenos por ele analisados, Weber empreende toda uma caracterização de tais fenômenos por meio de uma hierarquização seletiva de recortes retirados da matéria histórica e da realidade social. A essa caracterização hierarquizada denomina-se tipo-ideal, que tem como sua maior singularidade ser uma tipificação, uma representação, que não "espelha" o fenômeno, que não é uma imagem fiel e sem deformações daquilo que é analisado. Tal assim acontece porque o tipo-ideal realiza-se, sobretudo, em função da interpretação que o analista queira dar aos fenômenos por ele investigados. Portanto, frente à complexidade do fenômeno tratado, impossível de ser esgotado por qualquer ponto de vista, faz-se necessária uma representação do fenômeno que, se não o exaure, ao menos ressalte aqueles aspectos referentes à interpretação. No limite, pode-se dizer que o tipo-ideal, sendo uma representação constituída em consonância com os traços delimitados pela interpretação pretendida, acaba por confundir-se com esta. No entanto, que aqui ninguém se engane. Por mais que o tipo-ideal seja (e ele é) uma representação distorcida da, assim chamada, realidade histórica, não há nenhuma gratuidade ou elogio do subjetivismo nesse processo. A interpretação afirmada pelo autor, da qual o tipo-ideal faz parte e tem a função de permitir a mediação entre a interpretação e o real, se encarrega de lhe dar coerência, posto que o tipo-ideal, por ser uma representação, segue uma gramática rígida: ele pode distorcer o real, mas não pode evitá-lo.

Assim sendo, podemos verificar, por meio da leitura de seus ensaios metodológicos, que Weber realizou um consistente diálogo crítico com o neokantismo de Rickert, adaptando para o contexto de uma elaboração reflexiva acerca da prática das ciências históricas, o quadro epistemológico desenhado por este. Importa ressaltar que Weber explicitamente se nega a construir uma teoria epistemológica de caráter geral, mas sim escreve como um "cientista da cultura" que reflete acerca dos instrumentos de sua própria prática.[7] Na efetiva adaptação do neokantismo a seu próprio contexto metodológico, Weber acompanha a distinção rickertiana entre ciências da natureza e ciências da cultura – e do mesmo modo que Rickert, Weber recusará a pretensão de distinguir tais campos científicos em função da especificidade de seus objetos. Ainda como Rickert, Weber irá caracterizar a realidade que é objeto de investigação científica como extensivamente e intensivamente infinita, ou seja, múltipla e infinitamente analisável em seus componentes.

---

7. Isso é uma afirmação que o próprio Weber faz no início de seu texto "Roscher e Knies e os problemas lógicos de Economia Política Histórica". Mas vale a pena citar aqui um comentário feito pelo tradutor desse texto para o espanhol, José Maria García Blanco (1985, p. 22-3, grifo nosso), que afirma: "A ciência da realidade que tenta fundamentar Weber se subtrai assim, de forma definitiva, à crítica cognoscitiva redutora a valores do neokantismo, e se coloca sob a caracterização de uma espécie de 'pragmática da investigação', orientada pelos resultados e que, sobre a base de seus próprios objetivos cognoscitivos, dispõe de seus meios cognoscitivos".

A distinção operada por Weber entre ciências do humano e ciências da natureza acompanhará ainda a diferenciação metodológica entre conhecimento nomotético e conhecimento idiográfico. De modo que, para Weber como para Rickert, o cerne da distinção metodológica que especifica as ciências históricas se assenta no papel desempenhado pela formulação de leis na explicação científica, sendo que, no caso das ciências idiográficas, falar-se-ia mais propriamente da inexistência de tais leis. Todavia, apartando-se de Rickert, Weber explicita que o caráter distintivo das ciências históricas não deriva da inexistência de leis nesse domínio, mas da irrelevância de qualquer tentativa de formulação das mesmas, dado que o conhecimento de leis da vida social não seria o conhecimento da realidade social: o conhecimento dos eventos sociais depende do interesse cognitivo na particularidade qualitativa, além disso, qualquer formulação científica que se tome como uma ciência da realidade não pode ter como objeto leis, pelo simples fato de que leis são justamente abstrações da realidade.[8]

Em rejeição à pretensão de alguns historiadores, ingenuamente realista, de construir investigações históricas *livres* de conceitos, Weber afirmará ainda o caráter seletivo de nossas operações cognitivas, acompanhando – mas, ao mesmo tempo, adaptando criticamente – mais uma vez a epistemologia rickertiana no sentido de caracterizar a atividade científica como procedimento de representação por meio de conceitos das entidades individuais que percebemos. Nesse sentido, tentando lidar com o *hiatus irrationalis* por meio de esquemas de compreensão de uma maneira que o próprio Rickert sequer esboçou. Adaptando a epistemologia neokantiana à prática reflexiva nas ciências da cultura, Weber afirmará que o interesse cognitivo em individualidades selecionadas concretiza-se na compreensão das mesmas como partes de uma rede de conexões causais concretas, que incluem, frequentemente, ações humanas interpretáveis como causas ou efeitos. Em tais casos, nosso interesse cognitivo não é satisfeito pela descrição exterior de séries de comportamentos, mas também pela explicitação do sentido

---

8. Ainda que Weber observe com simpatia a ideia de regularidades observáveis na realidade, desde que tomadas pelo que são: meio, e não finalidade, do conhecimento da realidade (Ringer, 2000, p. 48).

deles. Desse modo, é necessário compreender para explicar e, então, atender ao interesse cognitivo no conhecimento de uma individualidade qualquer. Weber observará que a determinação de causas não equivale à afirmação de qualquer espécie de determinismo, dado que o interesse na individualidade histórica é cumprido pela análise causal singular, leia-se: possibilidade objetiva e causação adequada (Weber, 1992, p. 195 e ss), no qual o particular é explicado a partir de antecedentes causais específicos.

Weber assimilará e se diferenciará de Rickert ainda na caracterização do papel dos valores na investigação científica: juízos de valor que atribuem sentido a individualidades concretas guiam, de maneira consciente ou não, a atribuição de sentido por parte dos cientistas da cultura no empreendimento de selecionar entidades históricas relevantes. De maneira ainda mais incisiva do que para Rickert, a atribuição de sentido permanece como pressuposição de qualquer investigação histórica. Weber interpretará a pertinência axiológica da epistemologia rickertiana como pressuposição de sentido que guia o interesse cognitivo no particular histórico: os únicos valores admitidos na investigação científica são os constrangimentos normativos internos à própria prática intelectual. Nesse sentido, e essa é uma distinção decididamente fundamental entre Weber e Rickert, a validade dos resultados de tal prática não se afirma por meio dos valores que suportariam essa prática, mas apenas empiricamente.

CONSIDERAÇÕES FINAIS

Pretendemos demonstrar, ao longo deste pequeno livro, o processo por meio do qual a providência divina é substituída como protagonista da história humana: processo ambíguo, de dificultosa constituição, no qual a teleologia divina encontrará frequente substituto no papel de uma teleologia natural, cuja elaboração apenas se consolidará na assimilação crítica pela metodologia da então nascente sociologia alemã – aqui figurada na pessoa de seu representante máximo, Weber – de certa epistemologia herdeira do kantismo. Pretendemos ainda mostrar que os momentos significativos que selecionamos têm como ponto de convergência a obra weberiana, dado que a história que reconstruímos é, sobretudo, a narrativa do processo de secularização da autointerpretação de nossas ações. História secularizada que se converte então em ciência histórica, de um modo em que se irmana ao processo de secularização aquele de racionalização, revelando-se a eliminação de Deus como agente e guia da história humana como condição de possibilidade da formação de um conhecimento racional da história. Esperamos, pois, ter mostrado que a teoria sociológica weberiana, assim como a reflexão de Weber acerca de sua própria prática científica, mais do que descrição da formação da modernidade ocidental, é também resultado desse mesmo processo.

Desse modo, pretendemos mostrar, em nosso primeiro capítulo, de que modo a ideia de uma epistemologia da história, distinta de uma meditação filosófica sobre os destinos do humano no tempo, é caudatária da secularização de nosso modo de compreender a historicidade humana e o momento político e intelectual do iluminismo, visto aqui como um dos protagonistas desse processo na ambiência intelectual europeia.

Em nosso segundo capítulo, recortamos alguns momentos significativos para o desenrolar desse processo mesmo de secularização, como Voltaire, ao mostrar a história como fruto das ações humanas, e não divinas; Herder, ao afirmar a incomensurabilidade das culturas humanas, distinguindo-se então do iluminista Voltaire no seu modo de compreender as relações entre natureza e história; Hegel, no qual culmina o processo de diferenciação entre natureza e história, mas cuja obra ainda revela a presença insidiosa de uma teleologia que impede a clara diferenciação entre filosofia da história e epistemologia da história; e finalmente Kant, ponto fulcral de transição para análise do neokantismo e de sua assimilação por Weber em nosso último capítulo. De modo que pretendemos mostrar como a progressiva afirmação da autonomia da ação humana no tempo irá se consumar por meio da mediação de uma interpretação específica da epistemologia kantiana e de sua filosofia da história, na constituição do campo autônomo das ciências históricas, entendida aqui como dotadas de uma metodologia própria, distinta das ciências da natureza, que permite a apreensão cognitiva do singular, do acontecimento contingente cuja explicação prescinde da formulação de leis.

REFERÊNCIAS

ANTONI, C. *From History to Sociology*. Detroit: Wayne State University Press, 1959.
ARENDT, H. *Lições sobre a filosofia política de Kant*. Rio de Janeiro: Relume-Dumará, 1993.
ARON, R. *La Philosophie Critique de l'Histoire*. Paris: Vrin, 1969.
BERLIN, I. *Vico e Herder*. Brasília: Ed. UnB, 1982.
_____. *Estudos sobre a humanidade*. São Paulo: Companhia das Letras, 2002.
BLANCO, J. M.G. "Estudio preliminar". In: WEBER, M. *El problema de la irracionalidad en las ciencias sociales*. Madrid: Tecnos, 1985.
BRAUER, Daniel. "La filosofía idealista de la historia". In: Reyes Mate, M. (org.). *Filosofía de la Historia*. Madrid: Editorial Trotta, 1993.
COHN, G. *Crítica e resignação. Fundamentos da Sociologia de Max Weber*. São Paulo: TAQ, 1979.
_____. *Sociologia: Para ler os clássicos*. Rio de Janeiro: LTC, 1977.
COLLINGWOOD, R. *A Idéia de História*. Lisboa: Edições 70, 1987.
COLLIOT-THELENE, C. *Max Weber e a História*. São Paulo: Brasiliense, 1995.
DIGGINS, J.P. *Max Weber. A política e o espírito da tragédia*. Rio de Janeiro: Record, 1999.
DILTHEY, W. *Critica de La Razón Histórica*. Barcelona: Ediciones Península, 1986.
DOMINGUES, I. *O fio e a trama*. Belo Horizonte/São Paulo: Ed. UFMG/Iluminuras, 1996.
_____. *Epistemologia das Ciências Humanas. Tomo I*: Positivismo e Hermenêutica. Durkheim e Weber. São Paulo: Loyola, 2004.
FOSTER, Michael. "Johann Gottfried von Herder", *The Stanford Encyclopedia of Philosophy (Winter 2001 Edition)*, Edward N.

Zalta (ed.). Disponível em: <http://plato.stanford.edu/archives/win2001/entries/herder/>. Seção 7: Philosophy of History.

GADAMER, H. *O problema da consciência histórica*. Rio de Janeiro: FGV, 1998.

HEGEL, G. W. F. *Filosofia da História*. Brasília: Ed. UnB, 1995.

HERDER, Johann Gottfried von. *Ideas para una filosofía de la historia de la humanidad*. Editorial Losada: Buenos Aires, 1959.

HONIGSHEIM, P. *On Max Weber*. New York: Free Press, 1961.

INWOOD, Michael. *A Hegel Dictionary*. Blackwell Publishers: Oxford, 1992.

KANT, I. *Idéia de uma história universal de um ponto de vista cosmopolita*. São Paulo: Brasiliense, 1986.

_____. *Crítica da razão pura*. São Paulo: Abril Cultural, 1987.

_____. *Crítica da faculdade do juízo*. Rio de Janeiro: Forense Universitária, 1995.

_____. *Duas introduções à Crítica do Juízo*. São Paulo: Iluminuras, 1995.

KOSELLECK, R. *Crítica e crise*. Rio de Janeiro: Ed. UERJ/Contraponto, 1999.

LEBRUN, Gerard. "A razão prática na crítica do juízo". *Sobre Kant*. São Paulo: Iluminuras, 2001.

LEHMANN, H & ROTH, G. *Weber's Protestant Ethics. Origins, Evidence, Contexts*. Cambridge: Cambridge University Press, 1993.

LÖWITH, K. *El Sentido de la Historia*. Madrid: Aguilar, 1968.

MOMMSEN, W. *The Political and Social Theory of Max Weber*. Chicago: University of Chicago Press, 1994.

MITZMAN, A. *The Iron Cage: a Historical interpretation of Max Weber*. New Jersey: Transaction Books, 1985.

NOBRE, R. F. *Perspectivas da Razão*. Belo Horizonte: Argumentum, 2004.

OAKES, G. *Weber and Rickert. Concept Formation in the Cultural Sciences*. Cambridge: The MIT Press, 1988.

_____. "Introduction". In: RICKERT, Heinrich. *The limits of concept formation in natural science*. Cambridge: Cambridge University Press, 1986.

OUTHWAITE, W. *Entendendo a vida social*. Brasília: EDUNB, 1988.

PIERUCCI, A. "Secularização segundo Max Weber". In: SOUZA, J. *A atualidade de Max Weber*. Brasília: Ed. UNB, 2000.

REDDING, Paul. Georg Wilhelm Friedrich Hegel. *The Stanford Encyclopedia of Philosophy*. Summer 2002 Edition, Edward N. Zalta (ed.). Disponível em: <http://plato.stanford.edu/archives/sum2002/entries/hegel/>. Seção 2.2: The non-traditional or "post-Kantian" view of Hegel.

RINGER, F. *Max Weber's Methodology*. Cambridge/Massachusetts: Harvard University Press, 2000.

RICKERT, H. *Ciencia Cultural y Ciencia Natural*. Madrid: Calpe, 1922.

_____. *The limits of concept formation in natural science*. Cambridge: Cambridge University Press, 1986.

SANTOS, J. H. O lugar da Crítica da Faculdade do Juízo na Filosofia de Kant. *Kriterion*, Belo Horizonte, n. 95, p. 73-91, jun. 1997.

SEVILLA, José. "El concepto de filosofía de la historia en la modernidad". IN_REYES MATE, M. (org.). *Filosofía de la Historia*. Editorial Trotta: Madrid, 1993.

SCHLUCHTER, W. *The Rise of Western Rationalism*. Berkeley: UCLA Press, 1979.

_____. "As Origens do Racionalismo Ocidental". In: SOUZA, J. *O malandro e o protestante*. Brasília: Ed. UNB, 1999.

SCHNÄDELBACH, H. *Philosophy in Germany*: 1831-1933. Cambridge: Cambridge University Press, 1984.

TERRA, Ricardo (org.). *Duas introduções à Crítica do Juízo*. Trad. R.R. Torres Filho. São Paulo: Iluminuras, 1995.

VEYNE, P. *Como se escreve a História*. Lisboa: Edições 70, 1987.

VOLTAIRE, François-Marie Arouet, aka. *Dicionário Filosófico*. São Paulo: Abril Cultural, 1978.

WEBER, Max. *A ética protestante e o espírito do capitalismo*. São Paulo: Pioneira,1987.

_____. *Economia e sociedade*. Brasília: UNB, 1994.2v.

_____. *Metodologia das ciências sociais*. São Paulo: Cortez, 1992.2v.

_____. *El problema de la irracionalidad en las ciencias sociales*. Madrid: Tecnos, 1985.

WELDON, T. D. *Introduction to Kant's Critique of pure reason*. Oxford: Clarendon Press, 1945.

WINDELBAND, W. *Preludios Filosóficos*. Buenos Aires: Santiago Rueda, 1949.

1ª EDIÇÃO [2016]
Esta obra foi composta em Minion Pro e Din sobre papel
Pólen Bold 90 g/m² para a Relicário Edições.